让他们怨恨去，我也一个都不宽恕。

民族脊梁

鲁迅小传

李伶伶 著

中国青年出版社

图书在版编目（CIP）数据

民族脊梁：鲁迅小传 / 李伶伶著. -- 北京：中国青年出版社，2025. 4. -- ISBN 978-7-5153-7647-9

Ⅰ. K825.6

中国国家版本馆 CIP 数据核字第 2025M5T644 号

责任编辑：杜海燕
出版发行：中国青年出版社
社　　址：北京市东城区东四十二条 21 号
网　　址：www.cyp.com.cn
编辑中心：010-57350503
营销中心：010-57350370
经　　销：新华书店
印　　刷：三河市君旺印务有限公司
规　　格：650mm×910mm　1/16
印　　张：15.25
字　　数：115 千字
版　　次：2025 年 4 月北京第 1 版
印　　次：2025 年 4 月河北第 1 次印刷
定　　价：76.00 元

如有印装质量问题，请凭购书发票与质检部联系调换
联系电话：010-57350337

目 录

CONTENTS

鲁迅的名字

　　浙江省绍兴城南有一条石板街，被人称为后南街，连接着福彭桥和东昌坊口。在这条两三百米长的小街上，依次排列着周氏三座台门：周家老台门、周家新台门和过桥台门。鲁迅就出生在东昌坊口的周家新台门。时间是一八八一年九月二十五日。

　　不说老台门、过桥台门，只说新台门。新台门是周氏老祖宗周渭兴建，分给了长子周宗翰。周宗翰又有三个儿子，长子周玨，次子周莹，三子周崧。

　　周玨这一房被称"智房"。智房下又有兴房、立房、诚房。

　　周莹这一房被称"仁房"。仁房下又有礼房、义房、信房。

　　周崧这一房被称"勇房"。此房人丁不旺，住在老台门。

鲁迅家属于智房下的兴房。

这样，整个新台门一共就有六房，即兴、立、诚、礼、义、信。门厅、大厅、香火堂、大书房大家共用。那著名的"百草园"由智房、仁房各得一半。

台门，通俗地说，大宅门，大宅邸。大宅门里住着的当然是大户人家，不是有权人就是有钱人。

鲁迅出生的时候，因为是周氏兴房的长子长孙，所以很金贵。老观念，越金贵的娃儿越难养活。周家担心养不活这金蛋儿，就按当地习俗把他送到附近的一座叫长庆寺的和尚庙，拜了一个法名叫龙祖的老和尚为师。那意思就是说，这孩子归佛祖了，不再是个俗人，这就脱了人世间的病灾。

龙祖被鲁迅认作平生"第一个师父"，他为这个不满一岁的小徒弟起了个法号，叫长庚。后来，鲁迅用它做过笔名。

鲁迅十三岁、他的二弟周作人九岁、他的三弟周建人六岁的时候，才见着了他们家的"帝王"——爷爷，那还是沾了曾祖母死的光——曾祖母去世，在北京做官的爷爷从遥远的都城回乡奔丧，从天津坐船到上海，在水上晃荡了一个多月才进了家门。三个孙儿这才有幸见着了爷爷。

虽然从来没有见过爷爷的面，不过三兄弟的名字可都是他们那个周家最有学问、官做得最大的爷爷周福清给取的。

大孙子出生时，周福清是翰林院庶吉士。接到家乡来的报喜信，他笑得合不拢嘴——周家有人续香火了。别看他学问高得没话说，但为大孙子起名却有点儿"随便"。

那天，正好有个姓张的官员造访，他脑子都懒得动地给大孙子起名阿张。这是什么名儿？细想想，这的确不太像个人名。那就取个谐音吧，叫阿樟。阿某，也不像大名，算小名还差不多。那就叫樟寿吧，字豫山。豫山，通"雨伞"，也不好。再改，叫豫才。

周樟寿，字豫才，这是鲁迅最早的名字，也可以说是他的本名、族名。

一八九八年，鲁迅十七岁时第一次离开家乡，来到南京江南水师学堂求学。他的一位叔祖（义房族祖父）周庆蕃——在江南水师学堂任职，职务最高达提调（相当于今天的教务主任）——虽然在此执教，却很蔑视这样的新式洋务学堂，认为本族的后代不走科举之路光宗耀祖，跑到这里来学习只为日后当个水兵，实在有辱名门之誉，因此不宜沿用家族姓名，而为周樟寿新取了一个名字：周树人，取"十年树木，百年树人"之意。

一九一八年五月十五日，五四新文化运动旗帜性刊物《新青年》杂志刊登了一篇小说，名为《狂人日记》，作者署名"鲁迅"。这是鲁迅第一次使用这个笔名。他一生用过的笔名当然不止一个长庚，还有自树、索士、令飞、 L. S、神飞、唐俟、雪之、风声、迅行等等。而"鲁迅"之笔名的来历便与"迅行"有关。当然不止如此。

《狂人日记》出版后，鲁迅曾对好友许寿裳谈到他缘何会想到"鲁迅"这个名字："因为《新青年》编辑者不愿意有别号一般的署名，我从前用过'迅行'的别号是你所知道的，所以临时命名如此。理由是：（一）母亲姓鲁，（二）周鲁是同姓之国，（三）取愚鲁而迅速之意。"（许寿裳《鲁迅的生活》）

鲁迅名字的变迁为我们提供了这样几个信息：他出生在一个封建大家庭；他的祖父曾经做过大官；他的母亲姓鲁。

祖父祖母和父亲母亲

一九一九年年底，周家要搬家了，从老家绍兴搬去北京。之前，长子鲁迅卖了祖宅，在北京买了新房。然后，他就回了老家，搬家。

东西太多，很多都带不走，鲁迅带着三弟周建人把带不走的东西都烧了，包括陈年旧账本、婚丧礼品簿、亲人友人的来信、他们三兄弟小时候的课本和作业本、他爷爷早年在江西为官时用过的万民伞、他爸爸考秀才时的诗文《入学试草》。烧得过瘾，一不小心把他自己的《会稽郡故书杂集》的木版也烧掉了。接下来，他面对的是有桌子那么高的两大摞爷爷的日记本。

爷爷周福清，号介孚。他的日记写在红条十行纸上，字迹娟秀，看上去不像是一个脾气不好的人写的。他也仔细，每隔一段时间就将日记线装成册。鲁迅搬家时看到的就是一册册线装日记。

当时，周建人有些舍不得烧掉它们，但鲁迅很坚决。他对弟弟说的一句话恐怕能解释他如此坚决的原因："我这次回来翻了翻，好像没有多大意思，写了买姨太太呀，姨太太之间吵架呀，有什么意思？"

爷爷辛苦记了一辈子的日记，被鲁迅兄弟辛苦地整整烧了两天。

坚决地烧掉了爷爷日记本的鲁迅自始至终延续着爷爷生前记日记的嗜好。他在一九一二年九月二十一日那天的日记里这样记道："季市搜清殿试策，得先祖父卷，见归。"这是什么意思呢？原来那时，他正在北京中央教育部社会教育司工作。得工作之便，他有幸见到了爷爷当年在北京参加礼部会试的试卷。他对它的评价只有四个字：并不高明。要知道，他的爷爷是举人出身，因为这次会试中了进士被钦点了翰林。

鲁迅冷淡的口气充满了对爷爷的不屑，尽管爷爷是举人、进士、翰林。除了不屑，还有轻蔑。日本作家增田涉在《鲁迅传》里写鲁迅的祖父是翰林出身的大官。鲁迅在审稿时就说，哪是什么大官，然后就将"大官"二字划掉了。不是大官，是中官？小官？他没直言，只是淡淡地说，听说在什么地方做过知县而已。

很明显，鲁迅不太喜欢他的爷爷。为什么呢？除了买姨太太这样的事儿让他不齿以外，他很痛恨爷爷的坏脾气。

脾气坏的外在表现一定是好骂人。周福清生前好骂人，上至皇帝老子下至子侄孙儿，都是他骂的对象。他骂老佛爷慈禧太后是"昏太后"，骂皇帝是"呆子"，骂夫人是"王八蛋"。

有一年，他的母亲，也就是鲁迅的曾祖母去世，他回乡奔丧。"五七"那天凌晨，他先起了床，很认真地穿好素服，却见间间房门紧闭，家人仍然睡着。他很小人地认为大家都把那么一个重要的日子给忘了，顿时气不打一处来，直奔进夫人蒋氏的房间，握拳猛击床板，嘴里骂骂咧咧。

然后，他依次将儿子、媳妇、孙子们的床板敲得嘭嘭响，照例骂骂咧咧。他骂的是什么？"这班速死豸！"（速死豸，是一种无脚的虫。）不过，他到底是读书人，腹有诗书，除了"昏""呆""蛋""豸"这些骂词不太文明以外，他骂人一般来说总还是文质彬彬的，而且富含典故，当然还文采飞扬。这样的骂，绝对够得上尖锐、刻薄。

鲁迅从日本回国，给两个弟弟带来很多外面世界的精彩，三兄弟聊啊聊，聊得天昏地暗。一天黄昏，他们又聚在一起嘀嘀咕咕。周福清看见了，从他们身边经过时，对他们说了一句话："乌大菱壳氽到一起来了。"他说这话时是笑嘻嘻的。但是，他的这个笑嘻嘻却不是慈眉善目的，每个笑褶里都裹卷着讥嘲和冷讽。三兄弟一下子都感受到了。

"乌大菱壳"是什么意思？绍兴是水乡，秋时，河港里满是菱角。乡下人卫生习惯不好，吃了菱角肉却又把菱角壳扔回河港里。水面上长时间漂浮着肮脏的菱角壳，黑黑一片。乌，黑也。乌大菱壳，简称垃圾。引申下去，就是废物。倒进水里的菱壳顺着河流朝一个方向漂动，慢慢地，原先分散着的菱壳就聚在了一起。这就是"氽到一起来了"。

在爷爷的眼里，孙子们不过是群乌大菱壳。是乌大菱壳，却也不是二傻子，孙子们连神都没愣一下就明白爷爷这是在骂他们呢，骂他们是氽到一起来的废物，不成器。鲁迅和周作人不太客气，恨恨地白了爷爷一眼。周福清没有领受到，骂完以后就自顾自地转身回了房。

三兄弟被无端骂了一下，再没有海聊的兴致了，悻悻然分头而去。

不知是不是耳濡目染受了影响，鲁迅骂起人来也很有一套。

有一阵子，兄弟几个迷上了看图画书。有一次，他们发现了一本日本画家小田海仙的《海仙画谱》。书很贵，鲁迅一个人买不起，便鼓动弟弟们跟他合买。书买回来后藏在楼梯底下，三人拉钩上吊发誓不能让父亲看见——他不让他们看课外书。

可是后来，三弟周建人把这事儿告诉了父亲。父亲唤来鲁迅让他老实交代，鲁迅不得不交出了画谱。父亲翻了翻书，大概觉得书的内容没有什么不妥，也就没有责备，而且还很和气地把书还给了儿子，也就是默许了。虽然没有恶结果，但三弟的行为还是不能被原谅的，他被大哥鲁迅斥为"谗人"。这个词，鲁迅从《诗经》拣来。

三弟哪里知道什么《诗经》，又哪懂谗人的意思是告密者和叛徒，被哥哥恶意地唤作"谗人"还兴高采烈呢。倒是骂人的人有些自觉无趣，"谗人谗人"叫了几次，也就罢了。

"谗人"之后，周建人又有了一个新名，叫"十足犯贱"。这个骂词很直白，不过来历很特别。祖父送了三兄弟每人一双筷子，每双筷子上都刻着四个字的吉利话。老大的，是"竹青木香"；老二的，是"射鹿刺麇"；老三的，是"十品万钱"。论雅俗，竹青木香最雅，十品万钱最俗，意即一顿饭吃十种菜花费万钱。但是，论福气，十品万钱最有福。也不知道是不是嫉妒，大哥将"十品万钱"变身为"十足犯贱"，然后送给了三弟。

　　除了骂人，鲁迅还遗传了祖父的"不宽恕"。

　　周福清不幸，老年丧子。"子"是鲁迅三兄弟的父亲周伯宜。周伯宜生前身体羸弱，为减轻病痛听信外人言染上了鸦片瘾，一瘾成魔，至死也无法戒除。这最让周福清恼火，也最让他不能原谅。即便病死了，周福清还是不肯饶恕，写的挽联都还在谴责儿子的不成器。

　　相比骂人成瘾的爷爷，鲁迅更喜爱奶奶，周作人、周建人也是，尽管奶奶不是爷爷的原配，不是他们的亲奶奶，只是继奶奶。继奶奶只育有一女，没有儿子也就没有孙子，在她眼里，鲁迅三兄弟就是她的亲孙子，她对他们十分疼爱，常给他们讲故事。

凉风习习的夏夜，小孩子鲁迅躺在一株大桂树下的小木桌上舒服地乘凉，身边坐着的奶奶一边摇着芭蕉扇为他驱赶着蚊虫，一边给他讲故事猜谜语。

忽然，桂树上一阵沙沙的好像爪子挠过的声响打断了奶奶的故事。小鲁迅惊恐地瞪大了眼睛。

"莫怕，那是猫。"奶奶说。

"猫？"

"是呀。猫。你知道吗？猫是老虎的先生。"

奶奶的故事的主角变成了猫。她绘声绘色地讲起了猫的故事："猫是老虎的师父。老虎本来是什么也不会的，就投到猫的门下来。猫就教给它扑的方法，捉的方法，吃的方法，像自己的捉老鼠一样。这些教完了；老虎想，本领都学到了，谁也比不过它了，只有老师的猫还比自己强，要是杀掉猫，自己便是最强的角色了。它打定主意，就上前去扑猫。猫是早知道它的来意的，一跳，便上了树，老虎却只能眼睁睁地在树下蹲着。它还没有将一切本领传授完，还没有教给它上树。"（鲁迅《狗·猫·鼠》）

小鲁迅听到这里，暗自庆幸。他想，幸而老虎太性急，本领还没有全学会就要杀师父，否则，那从桂树上跳过的恐怕就是一只大老虎了。

奶奶的肚子里有猫的故事，也有白娘子的故事。西湖胜景，小孩子鲁迅知道得最早的是雷峰塔，因为那塔下压着奶奶嘴里可怜的白蛇娘娘。日后，他写《论雷峰塔的倒掉》，就是从奶奶当年给他讲白蛇的故事开始讲起的。

会讲故事的继奶奶名叫蒋菊香，她集慈祥与善良于一身，却和周福清格格不入水火不容。不仅如此，她一直是周福清嘴里的"王八蛋"。能够大骂妻子是王八蛋，不消说，周福清对这个妻子不仅没有感情，而且还很厌恶。这样一来，娶姨太太就成了堂皇的借口。

世上没有无缘无故的爱，自然也没有无缘无故的恨。周福清讨厌蒋氏，自有他的道理。据说，跟太平军大有关系。

长毛们打进绍兴时，乡民四下逃难。周家不例外，也举家逃避乡下。半道上，蒋氏被洪流般的逃难队伍冲散了，和家人断了联系。事后，她虽然被找了回来，但那段自己不能说清道明又无人为她作证的失踪期成了悬疑。周福清固执地怀疑妻子是被长毛掳去了而失了贞节。

被点了翰林的周福清走马上任江西金溪县知县，他的母亲戴氏、妻子蒋氏、姨太太一起随同前往。蒋氏不过是名义上的妻子而已，空有一个名分。周福清早已不把她放在眼里，每晚都睡在姨太太的房里。蒋氏自然生气，无可奈何又不甘心，有一天晚上可能是太寂寞，鬼使神差潜到姨太太的窗下偷听。虽然蹑手蹑脚，却还是弄出了小声响。房里的周福清真是精明，不认为窗下是觅食的猫狗，也不误认为是梁上君子，比火眼金睛还厉害，看也不看就断定是蒋氏。他脱口骂了一句："王八蛋。"

蒋氏听见了，像被人扇了耳刮子火辣辣地疼。不过，她忍而未发，像猫狗像梁上君子，又蹑手蹑脚地潜走了，潜回了自己房间。越想越来气，她要报复。第二天，蒋氏竟然说动了婆婆晚上跟她一起去偷听。到了晚上，婆媳俩相挽相扶来到周福清和姨太太的窗下，并不是真偷听。老太太故意弄出声响，房里的周福清听见了，以为又是妻子来捣乱，照例骂了一句"王八蛋"。

这一骂正中蒋氏下怀，她当即高叫："好啊，你竟敢骂娘娘（绍兴称祖母为娘娘）。娘娘在这里，你连娘娘都骂了！"

周福清上了当，连滚带爬跌出门来，慌乱中，他居然没忘扣上红缨官帽。他跪在老母面前，捣蒜般磕头连连认罪，请母亲大人责罚。老太太一言未发，只痛彻心扉地号啕大哭。

消息传了出去，大家都认为知县大老爷在家骂娘。此乃大不孝。之前，因为骂皇帝老子，周福清早有大不敬之罪，如今，又多了个大不孝。如此不敬不孝之人，当然被革了职。这下，周福清更加痛恨蒋氏了。

一九〇一年，坐了八年牢的周福清回了家，可只过了三年的太平日子就病死了，享年六十六岁。生前，坏脾气好骂人的周福清当然不讨喜，加上他常年不在家，跟家里人的关系都可近可远。因此，他的死也没有引起周家太大的变化和悲痛。而当时，鲁迅远在日本。

鲁迅二十九岁时，也就是一九一〇年，他最爱的奶奶死了。当时，鲁迅正在杭州的浙江两级师范学堂教书，他二弟周作人还在日本，他小叔周伯升从江南水师学堂毕业后上了军舰。绍兴的家里只有鲁迅的妈妈鲁瑞和三弟周建人。鲁瑞让周建人给升叔和两个哥哥写信，让他们回家奔丧。可是，周建人给周伯升的信不知投往哪里，而二哥又远在日本，让他回来也不现实。这样一来，离家最近也最有可能回家来的就只能是大哥了。

听说鲁迅要回来，周氏族人们一下子变得紧张兮兮的。为什么？在他们眼里，鲁迅出外留过洋，思想极端，行为怪异，顶着一颗没有辫子的脑袋，指东骂东指西责西。家乡的一切传统礼教，他都看不惯，他都要皱着眉头狠斗猛批。在他看来，传统的都是腐朽的都是要被打碎砸烂的，包括祖宗传下来的丧葬礼仪。因此，他们以为，这样一个"异类"，也会对奶奶的丧葬仪式指手画脚而弄出一些破天荒的新花样。

之前，大家商定了三大条件，准备让鲁迅一定照办。一是要穿白；二是要跪拜；三是要请和尚道士做法事。同时，他们还约定，鲁迅回来那一天，大家要聚在厅前，摆个阵势，互相策应。如果他胆敢抗拒，那么就要跟他作一次极严厉的谈判。

鲁迅回来了。一进家门，他就走到奶奶的灵前，深鞠一躬（果然没有传统地跪下磕个响头）。鞠完躬，鲁迅就被族长和长辈们叫走了。厅里已经聚集了好多人，虎视眈眈地全都盯着他们眼中的叛逆者。那架势，很像是一个公审大会。鲁迅不吱声，也没有什么表情，只等着他们先开口。

听到那三个要求，鲁迅一开始只是沉默。在令人窒息的沉默中，有人沉不住气了，问："樟寿，你到底是怎么说呀？"这下，鲁迅开了口，缓缓地说了四个字："都可以的。"——为了奶奶，他什么都答应。

一切照旧的丧葬仪式开始了。鲁迅作为承重孙——按封建宗法制度，长子先亡，由嫡长孙代替亡父充当祖父母丧礼的主持人，称承重孙——穿上了传统殓衣，被人搀扶着到张马河买水。买了水回来，他用那水在祖母胸前揩了三揩，然后把殓衣一件件套在竹竿里，理整齐，再给祖母穿上。

整个程序，合法；全部手法，娴熟。这个时候，他很像一个大殓专家。当然，有时候，有些细节难免被族人们挑剔。他总是一副有则改之无则加勉的虚心诚恳态度。接着，拜—哭—入棺—再拜—再哭，直到棺盖被钉好。每一步，他都毫不含糊。

因为什么？因为那死了的人，是奶奶。

十五年以后，小说家鲁迅写了一篇小说，名字叫《孤独者》。其中有这样一段："大殓便在这惊异和不满的空气里面完毕。大家都怏怏地，似乎想走散，但连殳却还坐在草荐上沉思。忽然，他流下泪来了，接着就失声，立刻又变成长嚎，像一匹受伤的狼，当深夜在旷野中嗥叫，惨伤里夹杂着愤怒和悲哀。"那"连殳"其实就是鲁迅他自己。

周福清的原配孙氏也是绍兴人。她育有一女一子，女周德，子周伯宜，也就是鲁迅的父亲。一八六四年，孙氏病死了。这时，周伯宜还很小。鲁迅和他的弟弟们自然都没有见过这位亲祖母。

对于周伯宜来说，他的人生从父亲周福清的"弊案"开始就像那直下三千尺的飞流，其间没有停顿没有磕绊地直往谷底栽。之前，他有秀才的名分。案发后，他受牵连被捕。鉴于他事先并不知情，让他吃了几个月的牢饭后就把他放了。人是回来了，秀才头衔却被革了。还有更郁闷的，那就是他被令从此不得参加科举考试。

官宦子弟最大的问题是身无长技。作为周氏家族兴房一支的长子，周伯宜的人生目标一直都是以父亲周福清为榜样，读书，考试，中进士中举人，做官。他人不傻，文章写得很漂亮。这里可以举一个例子。

有一次，周氏家族一个长辈死了，大家去送葬。大家庭不缺文化人，早有人写好了一篇祭文。按理说，祭文是最好对付的八股，可有人对这篇八股祭文很不满意。这人是周氏家族的一位老举人，鲁迅曾祖父辈中的一位杰出人才，也是周福清的老师，名字叫周以均。承蒙周老夫子看得起，周伯宜奉命重写祭文。一文既出，号啕难抑。谁号啕？周以均。为何号啕？感动的。他说，伯宜的文章深深地打动了他的心。

周伯宜文章虽然写得好，运气却不佳，只得一个秀才名头后，乡试屡战屡败，屡败屡战，始终不中。他自己气不说，周福清对这个儿子也是失望透顶。

被革了秀才名头释放回家的周伯宜有些蔫有些傻，他原本就少有笑脸，如今神情更加阴郁。考举人，周伯宜不指望了，死了心。就像当年父亲对他殷殷期望一样，他把这份期望转嫁给了儿子们。他督促他们多读书，不是读闲书，而是读有用的书。

有一次，鲁迅受到嫁到东关的小姑妈的邀请，准备去东关参加每年农历四月十五举行的五猖会。去东关看五猖会，是那时绍兴孩子们最大的梦想。弟弟们还小不宜远行，鲁迅一个人去，一个人兴奋着。

船正要起锚，周伯宜来了，依然是阴沉着脸。他冷冷地对鲁迅说，去把你的书拿来。什么书？《鉴略》，鲁迅正在读。鲁迅回屋取了书。周伯宜让他从头读一遍。他照做了。读了二三十行，周伯宜打断了他，说就到这里吧，把它读熟，一会儿把它背出来，背不出来，就不准去东关看会。

鲁迅不敢违抗，也不敢说一句"我不去了还不行吗"。他使劲儿读，死命地背。船上的工人们都在等着，大气不敢出。时间一分一秒地流逝。过了一会儿，鲁迅放下书，走到父亲面前，说我会背了。周伯宜说，那你就背吧。鲁迅叽里哇啦地背了。都背出来了，周伯宜说，那你就去吧。

大家欢呼，鲁迅却高兴不起来。建立在痛苦之上的快乐，一定不快乐。不过，父亲的心情他能理解，父亲是想让儿子代替他继续自己永远不可能实现的对功名的渴望和追求。

鲁迅的母亲鲁瑞也是绍兴人，家住昌安门外安桥头村。周、鲁两人结合，很门当户对，很符合婚配条件。先说门当户对。周家是官宦人家，鲁家是书香门第；周家爷爷是举人，鲁家爸爸也是举人；鲁瑞的两个兄弟都是秀才，周伯宜正在努力向秀才冲刺。再说婚配条件。女大三，抱金砖，鲁瑞恰好比周伯宜大三岁。查生肖，一个属蛇，一个属猴，不犯冲；查八字，也不相克。

父亲一直忧郁着，后来一直病着，都是由母亲一直陪伴着，一直照顾着的。鲁瑞先后送走了丈夫、公公、婆婆，一人拉扯着四个孩子，最小的儿子不幸于四五岁时夭折（还有一个女儿不到一岁即夭亡）。孤儿寡母之家，生活必定很艰难。

见证世态炎凉的少年时代

　　周家的衰败是从周福清入狱开始的。朝廷命官的爷爷入了狱，不用说，鲁迅家的好日子也算是到了头。周福清入狱，得从鲁迅的曾祖母去世说起。没有戴老太太去世，就没有周福清的回乡丁忧；周福清不回乡奔丧，也就不会赋闲；不赋闲，就不会干科场舞弊的事；不干这事，就不会入狱。

　　老母亲去世时，周福清五十五岁。照大清祖制，父母去世，官员要丁忧三年。丁忧三年后，周福清五十八，应该退休了。这就意味着，回乡奔丧的周福清事实上已经提前退休了。这让他有些失落。身体的赋闲、心情的失落都让坏脾气的周福清脾气更坏。失落的人拯救失落的好办法是能够证明他对他人仍然有价值。也就是说，他人对他仍有所求，而他能满足人家。周福清实现了价值，却因此遭来横祸。

又一季的秋季乡试要进行了。这次浙江省的主考官叫殷如璋，他和周福清是老相识。跟周家沾点儿亲带点儿故的马家、顾家、陈家、孙家、章家都有子孙要参加这一季的乡试，知道周福清跟殷如璋的关系，就想让周出面跟殷如璋打打招呼说说情。他们合伙凑了一万两银子，交给周福清，算是公关费。

周福清起初是推辞的，但他有私心——他的儿子周伯宜也在这次乡试名单之中。如果能帮了他们，顺带也帮了儿子，岂不一举两得？就这样，他给殷如璋写了一封信，列举了想要被照顾的考生名单，还不忘加上一句"小儿第八"。最后，他将那一万两银票和信一起塞进了信封里，派听差陶阿顺去送信。

主考官殷如璋和副主考官周锡恩乘船抵达苏州，停泊在阊门码头。陶阿顺登船送信。殷考官正跟周考官说话，只将陶阿顺递过来的信随手扔在一边，没有马上要看的意思。陶阿顺见状，对殷考官直言道："信里有万两银票，怎么不给一张回条？"

周考官在场，殷考官哪敢公然受贿。他将信直接交给周考官，目的当然是撇清自己。周锡恩拆了信，看了，立即下令逮捕行贿的陶阿顺。殷如璋的贿是受不成了，顺水推舟很正人君子地发狠一定要彻查。这下，周福清在劫难逃。

此案惊动了最高层，光绪皇帝下圣旨：内阁中书周福清着即行革职，查拿到案，严行审办。为什么说"查拿到案"？因为事情败露后，周福清跑了。

父亲行贿，周伯宜自然被取消了乡试资格，而且还被褫夺了秀才名分，并被令永远不准参加科举考试。

俗话说，跑得了和尚跑不了庙！绍兴县衙抓不到周福清，就派差役到周家骚扰。说是骚扰，其实还算文明。差役们只是对着周家大门不断地重复地喊叫：

"捉拿犯官周福清！捉拿犯官周福清！捉拿犯官周福清！"

他们知道他们是捉拿不到的——谁也不知道犯官周福清此时躲在哪里，他们只是以此告诉乡邻：周福清犯案了，是被通缉的钦犯，谁见着了要举报，举报有功。同时，他们也是警告周家人：识相的，就转告周福清，让他来自首，否则没有好果子吃，杀你全家，还株连九族。

一片死寂。族里的人没有敢出大气的。

只有继奶奶蒋氏很冷静，很镇定，她把差役请进门，让他们坐在太师椅上。

舒舒服服坐在太师椅上的差役，一个悠闲地吸着烟，一个公事公办地每隔一会儿就喊一声"捉拿犯官周福清"。

当晚，饭桌上，蒋氏对儿媳妇鲁瑞说："我要去找俞知县。"鲁瑞知道这个俞知县。他是绍兴会稽知县俞凤冈。找他干什么？求他开开恩，别再来骚扰我们了。夫妻不睦归不睦，她毕竟是大房，有义务也有责任保护周家老小。

第二天一大早，蒋氏穿戴整齐，坐了轿子去找俞知县。俞知县跟周家有渊源。前几年，他死了老婆想续弦，看中了周福清和原配孙氏生的女儿周德。周福清没说答应，也没说不答应，只对媒人说了一句话："癞蛤蟆想吃天鹅肉。"有人说，要不是这个俞知县落井下石，周案还不至于惊动皇帝。

蒋氏不管那么多，她只求眼下的太平。她诚恳地对俞知县说："周介孚是读书人，是知书达理的，他做的事他一定自己会来了结的，绝不会连累别人。现在家里只剩下女人和孩子，全不知情。"

"那怎么样呢？"

"请俞大人发个话，让差役以后不要再来家里了。"

俞知县还以为周夫人是来为丈夫说情的，没想到只为了这事儿。俞知县心地不算坏，没有将对周福清的怨怼报复在他的女眷、孩子身上。他很客气地说：

"我这也是奉命办事。周夫人既这么说，我就不再派差役去你们家了。不过，我希望周福清尽快投案，否则，我也不好向上头交代。"

事情解决得出乎意料地顺利。之后，差役再也不到周家骚扰了。周福清也果然如蒋氏所言，为不连累家人主动投了案自了首，然后就入了狱。

县衙派人到周家捉拿钦犯周福清的那天晚上，周伯宜和鲁瑞都很清楚，麻烦大了。怎么办呢？鲁瑞有些担心。周伯宜说，先把两个大的送走，以免遭牵连。送去哪儿呢？鲁瑞又问。周伯宜想了想说，就去他们外婆家吧。鲁瑞点头，也好也好，那里最安全。

鲁迅和周作人被唤到父母面前，鲁瑞对他们说，让他们去皇甫庄的外公外婆家住几天。她强调了一句："即时就走。"她怕他们不愿意走，又安慰说，时间不会长的，到了时候，就会去接他们回来。

十二岁的鲁迅被寄在大舅鲁怡堂家；八岁的周作人被寄在小舅鲁寄湘家。母亲说时间不会长，可他们在舅舅家一待就是一年。寄人篱下的滋味不好受。周作人年纪尚小，不觉得什么；鲁迅年长一些，又天生敏感，这一年的避难生活让他很受刺激。先是作为通缉犯的孙子，后来是犯人的孙子，他被人唤作"讨饭"（乞丐）。官宦子弟落魄，要比贫家子弟承受更大的心理压力。不能不说这是造成他日后具有强烈反叛个性的因素之一。

不能说鲁迅寄居在大舅舅家的这一年毫无收获。他开始认真地用明公纸影写小说中的绣像，描画了很多人物像。其实他从小就有抄书和描画的习惯，抄过三卷《茶经》《五木经》，描画过《西游记》。在舅舅家，他把全本的《荡寇志》里的绣像都描画过了。

大舅家房东秦少渔不但喜欢画画也爱看小说，他家的小说品种十分齐全，书堆得到处都是，也任由鲁迅借阅。这段期间，鲁迅看了大量的小说，可以说为他日后的小说创作打下了基础。

鲁迅早在六七岁时就被父亲送去了私塾，由叔祖周玉田开了蒙。学了四年，他又跟玉田长兄花塍学习了几个月，再师从另一个叔祖周子京。周子京虽然有学问，但因为精神有点儿不正常，因此常常文理不通而闹出许多笑话。

比如："第一次是给鲁迅'对课'，出三字课题云'父攘羊'，大约鲁迅对得不合适，先生为代对云'叔偷桃'。这里'羊''桃'二字都是平声，已经不合对课的规格，而且还把东方朔依照俗音写成'东方叔'，又是一个别字。鲁迅拿回来给父亲看，伯宜公大为发笑，但也就搁下了。第二次给讲书，乃是孟子里引《公刘》的诗句，到'乃裹糇粮'，他把第三字读作'猴'字，第二字读为'咕'，说道：公刘那时那么地穷困，他连猢狲袋里的果子也'咕'地挤出来拿了去了！伯宜公听了也仍然微笑，但从第二天起便不再叫小孩到那边去上学了。"（周作人《鲁迅的青年时代》）

离开了周子京，十一岁的鲁迅被父亲送去了离家很近的三味书屋。"出门向东，不上半里，走过一道石桥，便是我的先生的家了。从一扇黑油的竹门进去，第三间是书房。中间挂着一块匾道：三味书屋；匾下面是一幅画，画着一只很肥大的梅花鹿伏在古树下。没有孔子牌位，我们便对着那匾和鹿行礼。第一次算是拜孔子，第二次算是拜先生。"（鲁迅《从百草园到三味书屋》）他所说的"先生"就是三味书屋的主人寿镜吾。

像一般在学堂读书的小孩一样，鲁迅在三味书屋也是读书、习字、对课。对课如果要想对得好非多读书不可，鲁迅自小爱读书，又出生在读书人家，自然书读得多。书读得多，加上他聪明脑子转得快，对起课来也就轻而易举。有些同学很怕对课，靠事先偷看老师的课题蒙混过关。

有一次，一个同学偷看来的课题是"独角兽"，便问鲁迅对什么好，鲁迅脱口而出"四眼狗"。上课了，真的是那个课题，那个同学也真的那么对了。大家偷笑。要知道，先生寿镜吾是戴眼镜的。"四眼狗"岂不是在骂先生？寿先生果然很生气，斥道："'独角兽'是麒麟，'四眼狗'是什么东西，你有没有看到过？"

下了课，鲁迅笑那个同学："你这人真呆，我是和你开玩笑的，你还真的去对。"关于这个课题，同学们的答案五花八门，二头蛇、三脚蟾、八脚虫、九头鸟，都很俗，也并不真正切题，而鲁迅的答案是"比目鱼"，来源于《尔雅》，的确雅得多，关键是最切题。因为"独"字不是数字，但有"单"的意思，而"比"字也不是数字，但有"双"的意思。当然，鲁迅的这次

对课最受先生的赞赏。（张能耿《三味书屋的读书生活》）

如果不是家遇变故，鲁迅恐怕一直会无忧无虑地在三味书屋过着他单纯而愉快的读书生活。可惜的是，只一年工夫，他便不得不暂别三味书屋，躲到乡下舅舅家去了。

鲁迅寄人篱下的生活过了大半年。这期间，祖父周福清的案子也结了，被判了斩监候（相当于现在的死缓）。一切尘埃落定，父母觉得风声过了，不会再有株连的危险了，便把鲁迅和周作人兄弟俩从乡下接了回来。鲁迅重入三味书屋，继续他的读书生活。

读书，尤其是读"闲书"，一直是鲁迅的爱好。爱读书的人必然爱买书。回家后鲁迅买的第一本书是《毛诗品物图考》，这是他在舅舅家表哥那里看到过的，很喜欢。然后，他又相继买了《海仙画谱》《古今名人画谱》《芥子园画传》《天下名山图咏》《海上名人画稿》《点石斋丛画》《诗画舫》《晚笑堂画传》等。很明显，这个时候的他偏好"画"。

看够了画，鲁迅又把目光转向笔记杂说，如《酉阳杂俎》《容斋随笔》《辍耕录》《池北偶谈》《六朝事迹编类》《二酉堂丛书》《徐霞客游记》《金石存》等。当然，"正经书"还是不能荒废的。他早就读完了《孟子》，后来又读了《易经》《诗经》《书经》《礼记》《左传》《尔雅》等，按照他自己的说法，他"几乎读过十三经"。（鲁迅《华盖集·十四年的"读经"》）

在买书、看书上可以很清晰地发现鲁迅的性格：一丝不苟、追求完美。每次买回来一本书，他都会仔细检查，看哪里有破损，哪里有污迹，哪里装订得不够齐整，一旦发现有瑕疵，他立即返回书店要求退换。常常如此，便惹得店员侧目，甚至加以讥嘲。退换不得，他也有办法，那就是低价卖给同学，然后补上差价再去买本新的。

自祖父入狱后，家境日渐衰落，鲁迅当然也就不可能撒开了无所顾忌地大买特买，而不得不计划着用有限的压岁钱买回最心爱最迫切想要的书。剩下的，他只有用手抄了。抄书，从那个时候就开始了；抄书习惯，也是那个时候养成的。这为他日后抄录文献打下了基础。

平静的生活再一次被打破。鲁迅的父亲病了。

周伯宜的病像突然而至的暴风雨来得很猛烈，事先没有征兆。他只是坐在后房间的北窗下低着头想事儿，血就自内而外喷出来了，溅到北窗外的小天井里。点点滴滴的红，新鲜明艳，刺激着鲁瑞和鲁迅兄弟们的眼睛。

匆匆赶来的大夫来不及望闻问切，更顾不得探询一下血来自哪里，就先断定是吐血症，然后很果断地吩咐周家人：快，快拿墨汁来。对了，是陈墨汁。鲁迅转身奔出去，转眼又奔进来，手里捧着一碗墨汁。读书人家，什么都可能没有，唯独墨汁绝不可能没有，而且要多少有多少。——大夫治病的方法就是让病人喝墨汁。

墨，黑也。世间一物降一物。能降住红的，当然是黑。这就是喝墨汁止吐血的原理。也不知真的是墨汁起了作用，还是周伯宜的吐血症只是偶发。喝了墨汁后，他真的不吐了。

失了血，就得补。从此鲁瑞多了一项艰巨工程：榨藕汁（藕能补血）。周伯宜每天一睡醒就得喝一碗鲜藕汁。

藕汁一天天地喝着，日子一天天地过着。

病快快的周伯宜气色越来越好，越来越有精神了。是喝墨汁喝的吗，是喝藕汁喝的吗？都不完全是，主要是抽鸦片抽的——为了减轻病痛，他染上了鸦片瘾，而且越来越上瘾。

　　有一天，到了吃饭的时候，鲁瑞还不见他回来，就叫上鲁迅一块儿出去找。经过一家烟馆，透过窗玻璃，母子俩看见周伯宜正躺在烟榻上抽烟。唤他还是不唤？小小年纪的鲁迅一时不知所措。鲁瑞愣了一会儿，转身走了。鲁迅连忙跟上去。他看见妈妈的眼泪掉了下来。

　　天气一天天地暖了，周伯宜的身体一天天地差了。他血是不吐了，腿却肿了起来。鲁瑞更辛苦了，她继续每天早上榨藕汁，饭前烫酒——周伯宜爱喝酒，身体不好，酒反而喝得更多了。他用来下酒的东西很特别，水果。出外买水果的差事，鲁瑞常常交给老大鲁迅。有时，她也弄些鲜鱼活虾给丈夫下饭。饭后，让他抽几口鸦片，再伺候他睡一会儿。

　　鸦片也救不了周伯宜。他的病还是一天比一天重了。当地的两位名医姚芝仙、何廉臣被请来诊治。名医的出诊费自然不菲。来一次，一元四角。两天来一次，一个月就是二十多块。这在当时是一笔不小的开支。周家收入何来？靠田产。周家原本也有不少田地，周福清犯了案，为救周福清已用去了不少。坐吃山空，眼下只剩下稻田二十来亩，不能再卖了。

怎么办？上当铺。俗话说，国有大臣，家有长子。这工作非长子鲁迅莫属。他还有一份"兼职"，买药。当物—拿钱—买药，一条龙。

在一个相当长的历史阶段，鲁迅常常，准确地说，每天出入家附近的恒济当铺，以及离家有一段距离的震元堂和天保堂药铺。药店的柜台跟他一样高；当铺的柜台比他高一个头，他踮起脚才能把衣服或首饰从小窗口递进去，再踮着脚"在侮蔑里接了钱"——这句话是他自己说的，却不是在当时说的，是后来许多年以后他成了作家以后在文章中这么写的。

出入当铺的非贫即穷。贫，总是被笑的对象。对于吃饭至上的大多数人而言，笑就笑了，歧视就歧视了，没什么大不了。鲁迅是谁？他太敏感，自尊心太强。对他这样一个人来说，上当铺，本身就是一件伤自尊的事儿。即便没人明明白白地侮蔑没人确确切切地翻白眼，他也会自觉芒刺在背，也会心虚地以为所有投向他的目光里都有傲慢的讥嘲和蔑视的笑。

买药也不像想象的那么简单。有时医生开的处方上明确要配药引，这药引药店没有的话，那你就得自己去找了。比如，蟋蟀一对。什么叫"一对"？不是随随便便的两只，而是同居一穴的一雄一雌（是不是真夫妻，不论）。鲁迅和周作人就在家后面的百草园的菜地里翻找。蟋蟀倒是不少，同居的一对也很多，问题是你抓不到，不是抓了丈夫妻子逃了，就是抓了女人男人跑了。幸好他们是两个人，逮到一对后分头追分头捉。

除了蟋蟀，用来做药引的还有经霜三年的甘蔗或萝卜菜、几年以上的陈米等。有一次医生又要十株平地木。平地木是什么东西？大家不知道。鲁迅问药店，问卖草药的，问老年人，问读书人，问乡下人，最后问到养花草很有一套的开蒙塾师（义房族祖父）周玉田，周玉田告诉他平地木是一种生在山中树下的小树，能结像小珊瑚珠大小的红果实。他这才找了来。总之，周家一家人被名医折腾得够呛。

比墨汁还难喝的药喝了一罐又一罐，周伯宜的病却一天比一天重。腿肥肚肥（肿的），脸却瘦得皮包骨。痛苦啊。他对老婆鲁瑞说得最多的一个词，就是痛苦。他描述水肿使他好像浑身被湿布捆得紧紧的，连透气都觉得吃力。就连吃饭，他也端不动饭碗了。

鲁瑞呢，没有跟着痛苦的丈夫一块儿痛苦，也没有当他的面伤心。她一会儿问，你要吃点儿什么呢，一会儿又问，要不要把枕头给你垫高点儿呢。背地里，她不知道哭了多少次，流了多少泪。

到底是夫妻。那天晚上，鲁瑞突然就有了很强烈的不祥的预感，她嘱咐儿子们都不要去睡，守着爹爹。周伯宜昏昏地睡着。老婆和儿子目不转睛地盯着他。夜深了，他睁开了眼，望了望他们，问了一句，老四呢？老四是鲁迅的小弟椿寿，刚满三岁。已经睡熟的椿寿被女佣长妈妈抱到周伯宜的面前。老婆在，四个儿子也在，他似乎放了心，又闭上了眼睛。

大家紧张着。

周伯宜轻轻抬起一只手，又轻轻地落下，嘴里念叨着："呆子孙，呆子孙。"如此一遍又一遍。他骂谁呢？四个儿子？他自己？

周家女佣长妈妈突然催促鲁迅："快，快，大阿官，快叫。"叫什么？"叫爹爹呀。"鲁迅连忙大叫："爹爹！爹爹！"在长妈妈的安排下，长子鲁迅一个劲儿地狂叫："爹爹！爹爹！"那凄惨的叫声，传出去好远。正在往黄泉路上急奔的周伯宜好像被叫住了，他停下脚步，回转头。他微微睁了一下眼，低低地说："不要嚷，不要嚷，我吃力！"

周伯宜死了。鲁迅很后悔，后悔他当时那样地叫喊。他哭着对妈妈说："我对不起爹爹呀，爹爹这么说，我不应该再叫了。"说实在的，这样的后悔没什么意义，不过是表达了一个失去爸爸的儿子哀哀的悲伤罢了。

　　父亲死了，祖父在坐牢，周家当家的成了谁？鲁迅。谁让他是周家兴房一支的长子长孙呢。没有成年男人掌门立户，孤儿寡母的周家免不了要被欺负。有一次，周氏族人要重新分配住房。只有十几岁的鲁迅作为兴房一支的代表应邀参加。会上，大家借口他们家人口少主张收回几间房。他们拿了一张契约，让他签字画押。他们以为小小年纪的他好对付。

　　谁知道，鲁迅不急不忙地说：我爸虽然死了，我爷还在。虽说我爷还在狱中，但还是一家之主。房事是大事，我做不了主，要禀告我爷。长辈们很不满，质问：说那么多，也就是现在你不签字不画押是不是？鲁迅很老实地回答，是的。长辈们终于发火了，斥责道：你反了天了，在座的都是你的长辈，你太没大没小了。

　　长辈一个劲儿地骂晚辈。晚辈一声不吭，沉默以对。

很多年以后，鲁迅在文章中这样写道："有谁从小康人家而坠入困顿的么，我以为在这途路中，大概可以看见世人的真面目"。（鲁迅《〈呐喊〉自序》）

什么叫世态炎凉？这就叫世态炎凉。小小年纪的鲁迅体会到了。

南京求学

　　节省，是穷人家的唯一生活法则。鲁迅的母亲鲁瑞每天的生活就是想着如何节省。饭桌上，是那永远的腌鱼和咸菜。偶尔买点儿豆腐，她也只是为了给婆婆（鲁迅的奶奶）和小儿子（鲁迅的小弟）增加些营养补充点儿植物蛋白。

　　穷，对于渴求知识渴望上学的鲁迅来说，最大的问题不是吃不上美食穿不上华服，而是不能求学。一八九八年，鲁迅已经十七岁了，他已不再去三味书屋了，虽然他的名字仍然挂在书屋，但那里先生的授课内容已经不能满足他。平时，他在家里写字作文，然后送去给老师批阅。

　　这样的求学办法毕竟不完美。鲁迅对妈妈说，他要继续深造，他还要读书。可是，妈妈口袋里没有半毛钱，拿什么供他读书？他早就有了主意：到南京去，那里有不要学费的学校，其中一个学校叫江南水师学堂。

鲁迅之所以选择离开家乡远赴南京上学，并不完全是他为求知识为求改变穷命而作的主动选择。在很大程度上，他是被逼的。是谁逼的呢？

周氏诚房族祖父周子传的太太，鲁迅称她为子传奶奶。小的时候，鲁迅很喜欢子传奶奶，她很护他们，他们犯了错，她也不会去告状怂恿父母揍他们。在她的面前，他们能够充分享受到随心所欲的自由。比如一到冬天，孩子们就偷着吃水缸里的冰，其他大人见了都要骂一通，小题大做地叫嚷"肚子要疼的"。子传奶奶不阻拦，而且还鼓励，吃，多吃一块，看谁吃得多。哪家的孩子玩闹磕破了头流了血，不敢回家，怕家长打骂。子传奶奶不骂，马上用烧酒调了水粉，搽在伤口上，说是止血散瘀。

长大了一些懂事了一些，鲁迅对子传奶奶有了不满。有一次，他到她家去玩，他们两口子正在看书。见到他来，她把手里正看着的书凑到他的眼皮子底下让他看。他看那上面有两个光屁股男女正纠缠在一起。她问他，你知道他们在干吗？在打架。他本能地这么认为。

可是，仔细看，他又觉得不像，好像又不是在打架。他迟疑着。

见他如此单纯天真，他们夫妇哈哈大笑起来。鲁迅从他们突然爆发的笑声中体味到什么。他很不高兴，觉得受到了极大的侮辱。

自从爷爷入狱、爸爸病死后，鲁迅家的经济状况每况愈下。有一次，他跟子传奶奶闲聊，聊到了要买的东西有很多可是没有钱。子传奶奶居然对鲁迅说，你母亲的钱，你拿来用就是了。她的意思是，你妈的还不就是你的。鲁迅当时没有想到这层意思，只是说，我妈也没钱。子传奶奶又说，你妈没钱有首饰啊，拿首饰去卖不就有钱了。鲁迅还是一副天真单纯的样子说，我妈也没有首饰。子传奶奶越来越过分了，她进一步启发他，说也许你没有留心，你到家里的大橱抽屉里角角落落地去寻，总可以寻出一点儿珠子之类的东西。

太穷了。鲁迅真的萌生了去翻翻大橱抽屉的念头，只是并没有付诸行动。

一个月以后，一个流言像幽灵一样在绍兴城里游荡：周樟寿偷了家里的东西拿去卖了。这流言的源头在哪里？鲁迅心里很清楚。

流言能杀死一个人。鲁迅还不至于被它杀死，但他被逼得三十六计走为上计了。

他愤愤地想，我就是走，也要走到你们讨厌的地方。他们最讨厌最被他们笑骂的地方是哪里？绍兴刚刚开办的私立学校——中西学堂。

可是，鲁迅去不了那里。一来那里只教汉语、算术、英文和法文，他不满足，二来学费太贵，这是主要的。而南京的江南水师学堂是免费的。

外面的世界，鲁瑞不清楚；江南水师学堂，她是知道的。鲁迅选择这个学堂不是没来由。除了免费外，周家叔祖周庆蕃当时在那里担任轮机科的舍监。就在前一年，由周庆蕃推荐，鲁迅的小叔周伯升（比他父亲小二十二岁，爷爷的姨太太生的）考了进去。

那里有周叔祖，又有伯升叔，鲁瑞也没有什么不放心的。不过，长子鲁迅一直是她的左右手，是助她支撑这个家的帮手，她舍不得他走。但是，她想到绍兴有一句话，叫穷出山。不出山的儿子会一直穷下去。相比舍不得儿子走，她更舍不得儿子一辈子过穷日子。

又光顾了一次当铺。这次，当掉的是鲁瑞的首饰，当了八块钱。鲁瑞将它给了鲁迅，说是当路费。鲁迅拿着这八块钱，于一八九八年五月一日离开了绍兴，走水路，经过六天的奔波，于七日抵达南京。

这一年，发生了戊戌变法。

江南水师学堂是洋务运动的产物，是两江总督曾国荃为培养新军于一八九○年创办的，校址在城北仪凤门。初到南京的鲁迅先借住在周庆蕃叔祖的家里，然后以周庆蕃为他新取的"周树人"之名顺利通过考试，成为周叔祖所在的轮机科管轮班的一名新生。

到一个新的地方一个新的学堂，鲁迅当然一开始对未来充满希望和向往，但是很快他就发现，这里的一切似乎并不适合他。换句话说，他在很多方面都不太适应。之后，他更把这里看作是一个"乌烟瘴气"的地方。

首先，学堂聘请了很多英国人，课程虽然是中西合璧但以英文为主，一个星期有四天都在学英文，剩下的两天，一天读汉文，一天做汉文，那汉文都是些陈腔滥调的诸如《知己知彼百战百胜论》《咬得菜根则百事可做论》之类，毫无新意。虽然是水师学堂，却少有水师方面的专业课程。

其次，说是洋学堂，却充满了腐朽封建气息。比如，学堂原来有一个水池用来给学生练习游泳的，后来有两个学生不幸淹死了。为免再生意外，学堂把水池填埋了。填埋就填埋吧，却在其上建了一个关帝庙，庙旁还置了一只烧纸用的砖炉，炉上写了四个大字："敬惜字纸"。每年七月十五"鬼节"时，一群和尚便被请来作法，嘴里念念有词："回资罗，普弥耶吽！唵耶吽！唵！耶！吽！！！"

再次，学堂等级观念甚重。教师与教师之间、教师与学生之间，甚至高年级学生与低年级学生之间都存在着森严的等级制度。比如，高年级学生不把低年级学生放在眼里，走路时常常把肘弯撑开而像一只螃蟹，为的就是绝不让学弟们走到他们前面去。为此，鲁迅戏称他们是"螃蟹式的名公巨卿"。

另外，因为是军事学堂，专制便不可避免。学堂不仅有规章，诸如记过几次就得被开除，甚至还有军令，可以直接杀学生头。鲁迅就曾被记过。原来学堂里新来了一个派头十足的教员，却不识"钊"字，竟将一个叫"沈钊"的同学唤作"沈钧"。鲁迅原本就看不惯这个人的傲慢行为，如今更看不起他了，私下里给他起了个"沈钧"的绰号。在学堂看来，这无异于犯上作乱。如此这般，鲁迅一共被记了两大过两小过，如果再记一小过，他就要被开除了。

在被开除之前，鲁迅自己选择了退学。退学的原因除了"乌烟瘴气"外，还有便是他看不到未来和希望。他报考江南水师学堂，当然是为了日后能登船当水师，但是他发现他这个管轮班的学生将来的出路恐怕只能闷在船舱里管机器而登不上舱面。当然，不是所有的管轮班的学生都只有这一个出路，关键在于属于哪个势力范围。如果有背景，前途是美好的，而像鲁迅这样没有势力没有背景的人只能被打压。

鲁迅在江南水师学堂只待了五个月，当年十月十五日，他参加了江南陆师学堂附设的矿路学堂的入学考试，二十六日接到了录取通知。

在等待矿路学堂开学的日子里，鲁迅回了一趟家。

无论是江南水师学堂，还是矿路学堂，在落后保守的绍兴人的眼里，都不是正经读书人应该待的地方。那么，正经读书人应该干什么？科考！周伯宜的坎坷科考路，鲁瑞是见识过的，但她还是未能免俗地极力主张鲁迅、周作人两个儿子参加一八九八年十二月的那年县考。

考过了县考，等待着"大案"公布的时候（所谓大案，就是县考初试及四次复试之后，出一总榜，上榜的人才有资格参加府试。府试后是院试。院试前若干名就有了秀才的资格），鲁迅的四弟椿寿突然病了，发高烧，喘不上气。

鲁瑞最疼这个最小的儿子，急得不行。好不容易熬了一夜，第二天一早，周作人奉母命坐了小船赶去舅舅家——舅舅会看病。舅舅给孩子把了脉后，告诉鲁瑞救不了了。鲁瑞哪能经受得住这突然而至的打击，站都站不稳了。

又挨到了晚上，鲁瑞让家人都去睡觉，她守着椿寿，守了一夜。天亮了，椿寿突然睁开了眼睛，唤了一声"姆妈"，又说，我很难过啊。鲁瑞的心都要碎了，她对椿寿说，阿团，妈知道你很难过，可是妈有力没处使啊。她不知道，"我很难过"这句话是她的小儿子留在这世上的最后一句话。

喘，很痛苦地喘。然后，五岁的周椿寿死了。

鲁迅要回南京。家人都劝他，让他暂且不走，等"大案"出来，如果榜上有名，参加完府试后再走。又说了，小弟刚死，妈妈正悲伤着，做长子的应该在家里多留几天。再又说了，弟弟还没下葬呢。

但是鲁迅执意要走，他讨厌什么县考府考院考，在他看来，科考是腐朽的，爸爸就是吃了科考的亏，弄得一事无成。这样的考试，不参加又怎样。

接下来的事，小弟的墓碑是族叔周伯文写的，碑文是"亡弟荫轩处士之墓"，落款是"兄樟寿立"。显然，周伯文是以鲁迅的名义写的——樟寿是大哥，只有他才有资格为小弟立碑，可是他没能亲自做这事儿。下葬的事，周作人代劳了。寒风中，他（也代替大哥）送小弟入了土。

周椿寿小小的坟在南门外的龟山。小坟是另外一个族叔用砖砌的，有些简陋。不远处，还有一座小坟，碑文是"亡女端姑之墓"。端姑是鲁瑞和周伯宜的女儿，鲁迅、周作人的妹妹，周建人、周椿寿的姐姐（面都没见过），只存世十个月。

椿寿的死，最伤心难过的莫过于鲁瑞。她让儿子们去请画师叶雨香，说是请他画一张椿寿的画像。这叶雨香就是当年被她请来为鲁迅曾祖母戴老太太画像的那个画师。画老太太好画，老太太就在对面的太师椅上坐着；画椿寿不好画，椿寿已经死了，那时没有相片。

这时正在家里的鲁迅自告奋勇说，我知道画师为难的是脸型，画遗像脸部最要紧，脸画不像，其他画得再好也是枉然。不如这样吧，就照我的脸画好了，反正四弟的面容也像我。

成品画像里的小男孩站在一棵树下的一块扁圆大石头前，留着三仙发，穿着藕色斜领衣服，手里拈着一朵兰花。这孩子是椿寿吗？真正的椿寿方头大耳，很壮实的样子。鲁瑞非说，是，这就是她的小儿子。她如饥似渴地端详着那画像，像是见着了真人。她很满足。

这张画像一直挂在她的房里。一九一九年他们全家搬去北京，无论是住八道湾胡同，还是砖塔胡同，以及之后的西三条胡同，鲁瑞的房间里永远挂着这幅依照鲁迅的样貌画的像。

鲁瑞找到了寄托哀思的方式。周作人也找到了表达伤悲的办法：写诗词。他写了不少，有《冬夜有感》：空庭寂寞伴青灯，倍觉凄其感不胜。犹忆当年丹桂下，凭栏听唱一颗星。还有《读〈华佗传〉有感》：闻君手有回生术，手足断时可能续？闻君囊有起死丹，兄弟无者可复还？后来，他又为弟弟写了一篇小传《逍遥处士小传》。

鲁迅回南京后，县考的成绩公布了，他和弟弟周作人，以及一同参加考试的族叔周仲翔（咸亨酒店创始人）、周伯文都有资格参加府考。家人很开心，也很遗憾。开心不用说，遗憾的是鲁迅执意不肯回来参加府考——他已经入学南京矿路学堂，而且父亲的悲剧人生多少对他有些影响，使他对科考有点儿敌对有点儿仇视。

可是在大家看来，府考是往秀才的目标又近了一步，是一个绝好的机会，放弃了很可惜。母亲鲁瑞和弟弟作人觉得可惜，两个同考的族叔仲翔、伯文也觉得可惜，但鲁迅并不觉得有什么可惜。怎么办呢？周仲翔和周伯文好心给鲁瑞出了一个主意：找枪手替考。

说是找枪手，其实是雇枪手。既是雇，一定要花银子，而且还数目不菲。一提到钱，鲁瑞就头疼。为了钱，她有些犹豫；为了儿子，她又不能徘徊；这样不太光彩的方式，让她担心；丈夫穷其一生未能实现的愿望、儿子的前途等等，又在她心头萦绕，让她有了孤注一掷的冲动。再说了，仲翔、伯文一个劲儿地撺掇，让她难以拒绝。

枪手找来了，他是周仲翔的小舅子莫侣京。莫家也非等闲。仲翔老丈人，即莫侣京的父亲莫兰生是绍兴十大名讼师"六兰、三竹、一梅花"之一。在鲁迅不知情的情况下，枪手莫侣京替他参加了府考。

天往往不遂人愿。府考成绩公布了，"鲁迅"落了榜，失了院试的资格。周作人、周仲翔、周伯文都通过了，又有了参加院试的资格。那年的院试只取前四十名（即四十个秀才）。结果是周仲翔幸运地成为第四十名，中了秀才，而周作人、周伯文双双落榜。

　　鲁迅庆幸。他早早地退了出去，他不想延续父亲考—败—再考—再败、希望—失望—再希望—绝望的中了魔咒般的轮回，他要走一条新的他自己的"科考"路。事实证明，他走得比他父亲好。

　　在南京矿路学堂，鲁迅待的时间比较长，整整三年。这所学堂原来是陆师学堂附设的铁路学堂，由洋务派人士张之洞创办。后来，他的继任者刘坤一听说青龙山一带有矿藏，认为开矿可以赚大钱，便想培养一批开矿的技师，就在铁路学堂中增设了矿务班，学堂改称矿路学堂。

　　相比江南水师学堂，鲁迅当然更偏爱矿路学堂。这里的课程丰富一些，虽然以矿务、铁路为主，开设了地学（即地质）、金石学（即矿物）等专业课程，但也有格致（即物理和化学）、算学、历史、体操、绘图等综合类课程。关键是，学堂设有阅报处，报刊图书种类很丰富，甚至还有像梁启超主办的《时务报》、中国留学生在日本创办的《译书汇编》等所谓的"新"刊物。这个时候，变法已经失败，康有为、梁启超等维新派避往日本，但维新思想却已经渗透进了社会各个层面。这些刊物让鲁迅接触到了新思想，感知到了新气息。

早年，鲁迅是相信进化论的。在他写于一九一九年的《我们现在怎样做父亲》中就有这样的表述："生命何以必需继续呢？就是因为要发展，要进化。个体既然免不了死亡，进化又毫无止境，所以只能延续着，在这进化的路上走……所以后起的生命，总比以前的更有意义，更近完全，因此也更有价值，更可宝贵"。而他进化论思想的来源，便是在矿路学堂时读过的严复翻译的《天演论》，它对他意识的启蒙和思想的奠定都起了重要作用。

也是在矿路学堂，鲁迅试水文学创作，写了不少诗文，保存下来的有《戛剑生杂记》《莳花杂志》《别诸弟三首》《莲蓬人》《庚子送灶即事》《祭书神文》《惜花四律》《挽丁耀卿》。"戛剑生"是他当时自取的号，他还自刻了两枚图章，一是"文章误我"，一是"戎马书生"，都表明他立志奋发向上的宏图。

"剑生"和"戎马"也体现出他不甘做个文弱书生的豪情。矿路学堂虽然以矿、路为主，但毕竟隶属江南陆师学堂。那时的军人骑马射击是基本素养。鲁迅很爱骑马奔驰。有一次他从马上摔下，磕掉了一颗大门牙，却并不因噎废食，照样热衷马术。

　　闲暇时，鲁迅喜欢和几个同学骑着马一口气奔到旗人驻防的明故宫示强，因此引来旗人的投石叫骂——那时，旗人歧视汉人，汉人看不惯旗人。他们这么做是冒一定风险的。有一次，他竟然大无畏地跟善于骑射的旗人赛马，险些被他们用马鞍弄下马。

　　一九○二年一月，鲁迅毕业了，领到了一张第一等的文凭，接下来面临的便是何去何从的问题。去煤矿吗？早在毕业前半年，鲁迅曾经随学堂在青龙山煤矿实习过一段时间。这次社会实践让他对采矿业深感失望：黑漆的矿井里，水有半尺深，尽管两台抽水机轰轰作响，水却仍不见少；矿工们在鬼火般幽幽的矿灯下默默地劳作着，一切都那么地了无生气。

　　说是矿路学堂，说是学的是矿业，但鲁迅并没有学到多少采矿知识，他更多的是在老师的指挥棒下抄书，换句话说，他的知识不是老师传授的，而是抄来的。其实老师们自己也不真正懂得如何采矿，或者说，他们并不认为采矿是一门学问，而不过是简单地把地下的煤挖出来罢了，否则，学堂为什么会把采矿的技师都给辞了呢？没有懂行的技师，从照本宣科的老师那里又能学到多少专业知识呢？

因此，虽然鲁迅拿着一张第一等的毕业文凭，却自知还是身无长技用以报效国家，还得继续学习继续深造。也在这时，清政府以"外国的政治法律和学问技术颇有可取之处"的名义要求各省可以选派一些学生出国留学。两江总督刘坤一根据这一政策也要在矿路学堂选派学生。鲁迅提出了申请，和其他四名学生最终被选中公派去日本留学。

留学日本

一九〇二年四月四日，鲁迅经过十天的海上航行先抵达日本横滨，然后转车来到首都东京。自此，他在日本度过了七年的留学生涯。

鲁迅在日本的学习可以分为三个阶段：

第一阶段是东京弘文学院。时间从一九〇二年四月到一九〇四年四月，一共两年时间。

其实初到日本，按照鲁迅他们的计划是准备进入一所陆军士官预备学校——成城学校的。作这样的选择，一来他们以为这所学校与矿路学堂隶属的陆师学堂一脉相承，二来也可以实现"戎马书生"的宏愿。但是，当他们到了东京后才知道，他们根本进不去。原来，清政府与日本方面有过约定，只有陆军学堂毕业的学生才可以进入成城学校，而鲁迅他们只是学采矿的，而非陆师出身。

成城学校的中国留学生保皇派多于革命派，他们学成回国后大多效忠清政府。为此，鲁迅作过一首宝塔诗加以讥讽：

兵

成　城

大　将　军

威　风　凛　凛

处　处　有　精　神

挺　胸　肚　开　步　行

说　什　么　自　由　平　等

哨　官　营　官　是　我　本　分

进不了成城学校，鲁迅转进了弘文学院，被编入江南班。这是一所文化预备学校，主要课程是日语和科学技术。科学救国是鲁迅最初的救国理想。

在弘文学院的两年时间内，有几件大事对鲁迅来说意义重大。

第一件事，他在入校近一年后便率先剪掉了被戏称为脑后"猪尾巴"的辫子。他是江南班剪辫子的第一人。这是他与封建传统决裂的标志。剪辫子后，他特地拍了一张"断发照相"作为纪念。他将照片送给好友许寿裳，还在照片的背面题了一首《自题小像》：

灵台无计逃神矢，风雨如磐暗故园。

寄意寒星荃不察，我以我血荐轩辕。

第二件事，至于他缘何写出这充满豪气又透出他对灾难深重的祖国无限悲悯和激愤的诗，很大程度上在于那时他接触了大量的革命书和革命人而深受新思潮的影响。书，有《猛回头》《警世钟》《革命军》等；人，有章太炎、陶成章等。一九〇四年，章、陶等人发起成立了革命团体光复会。鲁迅在许寿裳等人的邀请下参加了革命团体浙学会。后来的光复会东京分部就是在浙学会的基础上成立的。从这个意义上说，鲁迅实际上也参加过光复会。这标志着他从此走上了民族主义和民主主义的道路。

第三件事，一九〇三年三四月间，弘文学院闹了一次学潮，鲁迅参加了。引发学潮的原因是多重的。之前，学生曾经要求学院对普通科课程进行改革。官方处理问题往往如此，不喜沟通，偏好不予理睬，弘文学院也是这样。不同意就不同意，说明解释一下，很容易很简单，可他们就是不说明不解释。学生们自然就生气。一开始，他们只是生气而已，并无过激行动。

之后，学院颁布了一项新规。新规是针对学生的，有十二条之多，内容是乱收费，即增收学习及医药卫生等费用。学生不干。学院就是要收！这下学生恼了，派代表去交涉。学院处于强势，态度很强硬，说规则定了就是定了，不会改变，也不会修订，三天后坚决执行。你们不服？不服就滚！这下，学生终于怒了，宣布罢课。

不仅如此，包括鲁迅在内的五十二个学生立即收拾行李，大张旗鼓地宣布退学。

事情闹大了。学院院长慌了。

再谈，再议。最后的结果是，学院输了，学生赢了。

第四件事，当时，好友许寿裳是以鼓吹革命思想为宗旨的《浙江潮》刊物的编辑，应他约稿，鲁迅开始了翻译工作。他先后翻译了短篇小说《斯巴达之魂》、法国作家雨果的《芳梯的来历》（译名《哀尘》）、法国科幻小说作家儒勒·凡尔纳的《月界旅行》和《地底旅行》、介绍居里夫人的科学论文《说镭》等。当然，他也自创，写过论文《中国地质略论》，与同学顾琅合作编写了《中国矿产志》等。看得出来，此时的他热衷于科学启蒙。

第二阶段是仙台医学专门学校。时间从一九〇四年九月到一九〇六年三月。众所周知，鲁迅没有完成学业，而是中途选择了退学。

之所以从弘文学院毕业后选择学医，鲁迅自己解释道："我的梦很美满，预备卒业回来，救治像我父亲似的被误的病人的疾苦，战争时候便去当军医，一面又促进了国人对于维新的信仰。"（鲁迅《〈呐喊〉自序》）

之所以选择中途退学，也众所周知，那是因为他受到了两件事的刺激。

第一件是在一九〇五年春季升级考试时，他的成绩平均分是六十五点五，在全班一百四十二人中排在第六十四位，只能算一般。但当时中国学生很被日本人看不起，在他们眼里，中国是弱国，中国人是笨人。既然如此，中国学生不可能靠自己的本事取得六十分以上的成绩，否则一定是作弊。

在仙台医专，给鲁迅留下最深印象，或者说，对鲁迅影响甚深的老师叫藤野严九郎（鲁迅著作中的"藤野先生"）。他一直很照顾和关心鲁迅。鲁迅的成绩公布后，有人马上怀疑是藤野先生事先漏题给他才让他有幸考到六十分以上的。这让鲁迅倍感屈辱，倒也不是为他自己，而是为贫弱的祖国。

第二件便是"幻灯片事件"。霉菌学课上，中川教授放了一个时事幻灯片，片中的场景是一个被当作间谍的中国人被日本兵五花大绑地押赴刑场，而围观的一批中国人面对同胞的劫难却面无表情。他们的麻木不仁让鲁迅顿悟："从那一回以后，我便觉得医学并非一件紧要事，凡是愚弱的国民，即使体格如何健全，如何茁壮，也只能做毫无意义的示众的材料和看客，病死多少是不必以为不幸的。"（鲁迅《〈呐喊〉自序》）

第三阶段是从事文艺事业。时间从一九〇六年三月到一九〇九年八月，一共三年多的时间。作这样的选择，是因为他认为当时的"第一要著，是在改变他们的精神，而善于改变精神的是，我那时候以为当然要推文艺，于是想提倡文艺运动了"。（鲁迅《〈呐喊〉自序》）

这段期间，鲁迅和许寿裳一起师从章太炎，听过他在大成中学开办的国学讲习会的授课。两人也一起合办过提倡新文艺运动的杂志《新生》。"新生",新的生命的意思。鲁迅亲自为《新生》设计了封面。但是因为经费的原因,《新生》夭折了。这对鲁迅的打击很大。

大量阅读外国文艺作品并且进行翻译是鲁迅那时的主要文艺工作。后来,他还和二弟周作人一起翻译了外国小说,并将它们合编成《域外小说集》出版。周作人也是先进江南水师学堂,然后再赴日本留学的。

周家两兄弟在日本吃住在一起,却一个勤,一个懒。鲁迅的勤,表现在他是熬夜高手。夜越深,他看书写作越来劲儿。每晚,他是什么时候睡的觉,没人知道。早晨,房东来拿洋灯整理炭盆,总是看见盆里插满香烟头。周作人形容那"很像是一个大马蜂巢"。

周作人的懒,表现在他生活极为规律,像日出而作日落而息的农人,像讲究养生的老人。晚上看书,不到二更便打起瞌睡来了。床头倒总是放着一本书,可总是看不了多少页就睡去了。

当然,很多时候不能简单地用勤和懒来概括他们兄弟的不同,更准确地说,那应该是生活方式的差异。这在写作翻译上表现得尤为明显。

鲁迅把译书当作一项神圣的事业，怀揣着对社会强烈的责任感。当然，客观上，也能挣稿费——钱，对他们兄弟来说，还是很紧缺的。周作人则更多地出于兴趣——兴之所至，是他的追求，他不想被捆绑，只想随心而动。

　　这样一来，他的外在表现便是有些懒惰。鲁迅催他，他依旧不急不忙；鲁迅骂他，他就消极对抗，怠工。终于有一天，惹火了鲁迅，他忽然愤激起来，挥起拳头，在周作人的头上打了几下。要不是朋友许寿裳来劝来拉，鲁迅恐怕还得再踢他几脚。这是大哥第一次动手教训弟弟，也是唯一的一次。

　　即便被大哥打，此时周作人对大哥没有怨更没有恨。他们依旧是有粥吃粥有饭吃饭亲密无间的兄弟。大哥还是那样疼爱弟弟，弟弟还是那样敬仰大哥。两人一起生活不说，一起读书听讲座，一起翻译著述。因为周作人不太合群，一副高傲的样子，像一只鹤，鲁迅还给弟弟起了一个别号，叫"都路"（日语鹤的读音）。

　　这样兄弟怡怡的美好日子一直持续了三年，直到鲁迅回国。

结婚，新娘是"母亲的礼物"

鲁迅在日本的七年时间里回过一次国。那是在一九〇六年。回国回家的原因是成亲。只不过，这不是他的主动选择。甚至，他根本不知情。当然，这并不是说他事前不知道有个叫朱安的女人。

朱安的父亲叫朱耀庭，绍兴城里凰仪桥（又称黄泥桥）丁家弄人。丁家弄的朱宅，人称"朱家台门"。照绍兴人的说法，朱安和鲁迅都属于台门货。朱家何以成台门，缘于朱家先辈曾任过江苏省扬州府官吏。朱耀庭先做过幕僚后又经商，一度还准备在宅门里开当铺。这样的朱家和那样的周家，按照传统观念，很门当户对。

两家结亲，非始于鲁迅和朱安，而是鲁迅的开蒙塾师、叔祖（周氏义房族祖父）周玉田和丁家弄的朱氏。周玉田谱名兆兰，夫人就被人称作兰太太。这位叔祖母兰太太是个有趣的人。有一次她把晒衣服的竹竿架在珠兰的枝条上，细枝受不了力断了，竹竿倒下来。她见状，愤愤地骂了一句，死尸。为什么要骂死尸呢？谁是死尸？是那折了的枝条，还是倒了的竹竿？没人搞得清她心里怎么想。她平时爱跟小孩子玩，称鲁迅他们这帮小孩子为小友。

嫁到周家的兰太太常常回娘家丁家弄，又常常把娘家的亲戚带到周家串门，特别是她的兄弟朱霞汀和内侄孙朱可铭，周家的门槛几乎都让他们踏破了。朱可铭是谁？朱安唯一的弟弟。周家，弟弟去得，姐姐当然也去得。兰太太也带朱安去周家玩。一来二去，鲁瑞注意上了这个安姑娘，也喜欢上了。

鲁瑞为什么会喜欢朱安呢？论貌，论才，朱安都没有长处。她长得——客观地说——不好看，个子很矮，长长的脸，皮肤有点黑，前额外突。一个女人好不好看，有时并不仅仅在于相貌，更在于神情。她有些木讷，也就显得呆板不生动。连貌都不在乎，鲁瑞更不会看重才。那时的观念是女子无才便是德。

一个无貌无才的女人还会有什么值得夸赞的东西？善良。鲁瑞眼里的朱安就是这么一个内在美远大于外在美的善良姑娘。她知礼仪懂规矩有礼貌，性情温顺，她生活节俭不爱慕虚荣。鲁瑞自信地断定，朱安是会过日子的好媳妇。

这还不够，还得问清楚生辰八字。朱安比鲁迅大三岁。俗话说，"女大三，抱金砖"。媒人还用她能说会道的嘴，为朱安掏尽了人间所有的华丽辞藻。归根结底，一句话，朱安是周家长媳的不二人选。

鲁迅就是这样在一无所知的情况下有了妻子。

一九〇一年，周福清被释放了。这是周家的一大喜事。单喜还不够，还要双喜。鲁瑞决定择日让长子和朱安完婚，凑成一个喜上加喜。然后她立即着手行动起来：向朱家发头盘财礼，然后请庚（就是正式问明女方生辰，以便择定良辰吉日），接着发二盘财礼。她忙前忙后，唯独不去问问儿子中意不中意，同意不同意。

这就是典型的包办婚姻。

这些事都发生在鲁迅在南京上学期间。就在鲁瑞以为婚事一切准备就绪时，鲁迅却在这节骨眼上漂洋过海到日本去了。这下，鲁瑞的如意打算落了空，不得不推迟婚礼。

婚事都已经进行到了这个程度，鲁迅真的还是一无所知吗？不可能。可能的是周作人事先告诉了鲁迅。兄弟俩当时非常要好。收大哥信听大哥绘声绘色讲外面精彩的世界，是周作人每天最阳光灿烂的时候；给大哥写信诉说青春期少年特有的烦恼愁闷，是他最好的发泄方式。三天两头给大哥写信，他当然会把家里的事告诉他，何况是他的婚姻大事。

如果鲁迅在接到作人的信知道母亲的安排后，立即返家跟母亲作坚决的斗争，誓死反抗，那么，是不是就不会有后来的不幸呢？这只是后来人的猜测。

但是，鲁迅什么也没做，原因大概是：

一、鲁迅一向很孝顺。他坚守着为人子女不忤逆不反叛的传统。他一直都认为，母亲是吃过苦的，是苦命的女人，对这样的母亲，他只有顺，没有抗。他也信任母亲，母亲那么爱他，不可能害他，她替他找的妻子能差到哪儿去？

二、此时，他尚没有生成强烈的反封建传统（当然包括封建婚姻）的意识。他也还没有认识到封建腐朽扼杀人性的包办婚姻的危害性，更没有体会过自由恋爱的愉悦。他甚至可能会想，母亲也是被包办给父亲的，跟他在一起生儿育女风平浪静地生活得也算美满。对父亲来说，鲁瑞这个老婆不能说包办得不好。

也不能说鲁迅什么都没做，他做了，只是后来做的——他到日本大开了眼界后，对未过门的小脚媳妇有了不满。他给母亲写信，给这桩没有经过当事人同意批准的亲事附带了两个条件：让安姑娘放足，让安姑娘进学堂读书，否则……

然而对于朱安来说，这不是条件，而是天方夜谭。

如何让一个已经缠了十几二十年的女人放足？她的足，早已骨裂了筋断了肉烂了，流过了血淌过了脓。缠得变了形也定了形的足，怎能放得开？其实，鲁迅要的不是一双大足，而只是放足行为本身。但是，即便朱安依照鲁迅的条件放了足，她也不可能立即具有反封建思想反封建意识，而跟鲁迅相合相配，跟鲁迅有了共同话题共同语言，跟鲁迅成为同一战壕的战友。她还是她，不会因为放足而改变。这一点，鲁迅当时似乎并没有意识到。

再说进学堂读书。一个受了二十多年传统教育的女人贤妻良母相夫教子的观念根深蒂固，即使朱安如鲁迅愿识了字会读书，她终究还是会以当鲁迅的老婆为己任，而不会成为他的同志和战友。

鲁迅的这两个所谓条件，朱安不可能做得到。在她的认识里，只认父母之命媒妁之言，只认婚约。

无奈之下，鲁迅对母亲为他包办的婚事采取的办法是，拖。的确，他赖在日本就是不回去，鲁瑞也没有办法。没有新郎，这个亲当然成不了。他是男人，他能耗得起。可女方家真的耗不起。转眼，朱安二十八岁了。那时有"养女不过二十六"的约定俗成，朱安都已经超过了二十六的极限。朱家很着急，使劲儿催周家。鲁瑞也着急，可她没有办法。她的办法只有一个，给儿子写信，让，更准确地说，请他回来与朱安拜堂成亲。

鲁迅回信，明确提出，要朱家姑娘另外嫁人。也就是说，他要悔婚——不，是他请鲁瑞悔婚。

这时，朱家又来人气急败坏地责问鲁瑞："你听说了吗？"鲁瑞不明白："听说什么？""樟寿在日本成亲了！""不可能。""怎么不可能？""他跟谁成亲？""一个日本女人。""日本女人？更不可能。他一个中国人怎么能跟日本女人成亲？""有人亲眼看见他抱着一个孩子在散步，身边还有一个日本女人。""孩子？他不但成亲了，而且还生了孩子？不可能。"

鲁瑞嘴上咬定不可能，心里却犯嘀咕。是啊，她怎么敢肯定不是呢？如果是传说，那还好说；如果是真的，周家可就要背负不义之名，将丢尽脸面，日后还怎么在这地面上待？她另外还有两个儿子，将来谁敢来说媒？

不过鲁瑞转念又想，就算那是真的，也犯不着悔婚啊。娶一个是娶，娶两个也是娶，男人三妻四妾又何妨？谁大谁小不是问题，只要不退了安姑娘不沾悔婚之恶名，怎么样都好。换句话说，无论如何，那亲，还是可以成的——只要想法儿把儿子弄回来就行。

思量过后，鲁瑞一边雇人将房屋进行大规模改造和装修，精心布置出了一间新房，一边给鲁迅写信打电报。信和电报的内容只有一个：老母病危，速返。

单纯又孝顺的鲁迅当然不知道母亲的真实意图，接了信和电报心急如焚，没多考虑就打点行装车啊船的赶回了家。

当地的婚礼一般都放在冬天。鲁迅的婚礼罕见地被放在了大热天。鲁瑞很聪明地利用了鲁迅的暑假——她的谎言编织在鲁迅放假的时候，她知道这样更容易诓儿子回家。

其实这又是一次机会！一次抗争的机会——婚礼前

任何时候都是机会。如果这时鲁迅和母亲作坚决的斗争，誓死反抗，那么，是不是就不会有后来的不幸呢？这又是后来人的一厢情愿。

像上次一样，鲁迅还是什么也没做——他没来得及，鲁瑞先下了手，把他拽到屋里跟他促膝谈了一次话。那个话，谈得很长很长。谈什么呢？或许，她从周家家世朱家家世周家和朱家的关系谈起，谈到朱安的为人，谈到她们这对准婆媳这几年的相处，谈到朱安如何照顾她她如何疼爱朱安，谈到退婚行为的可耻以及可能对安姑娘造成的伤害，也谈到有良心地为人有责任感地做人等等。

苦口婆心。鲁迅还能说什么？

子女高兴，父母就高兴；父母高兴，子女未必高兴。这就是父母和子女。既然母亲高兴，那就让她高兴去吧。鲁迅这么想了以后，也就妥协了。当有人问在集市上瞎逛的他最近忙什么时，他轻描淡写地回答，母亲娶媳妇。是母亲娶，而不是"我讨老婆"。甚至，他对友人说，这桩婚事只当是母亲送给他的礼物。

心里抗拒着，行动上鲁迅却规规矩矩地完成了成亲的既定程式。那天，新郎的他戴着假辫子，头上扣着一顶拿破仑帽，身穿长袍，长袍外罩着纱套，脚蹬靴子。新娘朱安上身穿着红纱单衫，下着黑绸裙，小脚却穿着一双大鞋。花轿进门时，一只红鞋不慎从轿里掉了出来。巧的是，一对新人一拜二拜三拜后被簇拥着入洞房时，鲁迅也有一只鞋不知被闹新房的哪一位踩掉了。

老话说，这不太吉利。

鲁迅才不管吉利不吉利呢。整个过程一言不发没有一丝笑容的他只盼着快快结束这场"演出"——他似乎只是在代替母亲勉为其难地完成一件工作。不过，虽然他把它当工作，事实上朱安的确成了他的妻子，是他具有法律（当时的法律）意义的配偶，原配。

心里抗拒着，行动上鲁迅却规规矩矩地继续完成新婚后第二天第三天的种种烦琐仪式。先是"送子"。新娘黎明即起，听门外吹手唱吉词。然后有人将一对木制的红衣绿裤的小人儿捧进来，放在她的床上，说"官官来了"，意思也就是祝早生贵子之类。

接下来是"头箸饭"，也就是新郎和新娘第一次坐在一起吃饭。再有"上庙"，拜祭祖先。然后是"拜三朝"，即大厅里事先摆放了两桌十碗头的羹饭，先由家中其他人拜，后由新婚夫妻并肩而拜。最后"行相见礼"，一对新人按辈分先拜长辈，与平辈行礼，再接受小辈拜礼。

第三天的"回门"，鲁迅也依例回了。他们坐着轿子来到朱家，先拜朱家祖先再拜朱安父母，又聆听了岳母的教诲。

朱安一定会单纯地想，走完了这些程序，她就是他的新娘了，她就是周家的人了，日后也会是周家的鬼。她成了他的妻子，她就要伺候他照顾他，为他生儿育女为周家传宗接代。而她之所以会这么想，很大程度上在于她觉得鲁迅跟她拜了堂其实就是给了她这么想的机会，更让她以为他已经给了她婚姻的承诺。然而鲁迅给了她机会，却只把她当作母亲送的礼物。婚后第四天，他便返回了日本。

回家乡当老师

　　鲁迅之所以回国，和经济有关。和经济有关，也就和二弟周作人有关。因为周作人在日本娶了一个日本女人为妻。成了家，就多了一口人，多了一口人，就多了一份开支。钱，让鲁迅很头疼。

　　为什么周作人娶妻关鲁迅事呢？他们兄弟（还有三弟周建人）早就有誓言在先，那就是，有钱大家花，永远不分家。既然如此，这个新进门的日本弟媳妇，鲁迅这个长兄当然也有责任给她饭吃给她衣穿。

　　偏偏在这个节骨眼上，鲁迅收到母亲来信。在信里，鲁瑞告诉他，家里的生活已经相当拮据，几乎到了揭不开锅的地步，因此希望他能尽早回国工作挣钱好对家里有所帮助。

　　在这之前，一直在家乡的三弟周建人已经独立了，他在僧立小学担任校长，只不过他的那点儿薪水不足以养家，何况母亲鲁瑞也无意让小儿子负担家累。在她的传统意识里，很讲究长幼秩序，家里当然男人养家。这个"男人"，也是分次序的：丈夫在丈夫养；丈夫不在长子养。谁是周家的长子？不是周作人，也不是周建人，是鲁迅。

这样说来，鲁迅被母亲喊回国养家，天经地义。而鲁迅乖乖地回国去养家，理所应当。可以说，这是做长子的宿命。

多年来，周家一直靠卖田为生，卖了一块，钱用光了，再卖一块。都知道坐吃山空，地总有卖完的一天。卖地的钱，用着用着，就用光了。鲁瑞不紧急召回长子还能怎么办。

许寿裳——他是鲁迅在日本最好的朋友——来向鲁迅告别，说是要回国了。鲁迅问为什么。他说学费无着落，只好回国——他原本计划游历欧洲的。鲁迅怅然，他也有到德国去的打算，他还有继续投身新文艺运动的宏愿，但现实让他不能随心所欲。他对许寿裳说，他也正在准备回国。许寿裳问为什么。他说，作人还在读书，又结婚了，从此费用增多，不能不回国谋事。

许寿裳幸运，他还没回国，工作就找好了，在位于杭州的浙江两级师范学堂任教务长。幸好有这么一个朋友，鲁迅回国后的工作也顺利解决了，在浙江两级师范学堂任教员。

　　要不是为了一家人的生活，鲁迅一点儿也不想回绍兴老家。他不像传说中的游子一念及家乡就两眼泪汪汪，一回到家乡就恨不得扑倒在混杂着牛粪猪屎的地上亲吻烂泥，他对绍兴特别是对那里的人的憎恶，没有随着时间的推移而减弱。在他眼里，那里还是弥漫着腐朽，那里的人还是浸透着落后。

　　刚回家，鲁迅就遇到了几件让他很生气的事儿。

　　其实他在三年前回来结婚的时候就已经是剪了辫子的，原本他以为不会再有人对他的平头大惊小怪，却不承想，当他走在街上时，人们还是把他当作了怪物，瞪着眼张着嘴对他指指点点——他被一只无形的大铁笼罩着，他是那铁笼里的怪兽。他们怀疑他在外面偷女人被女人的男人抓去剪了辫子；他们也怀疑他是革命党。

　　不光是外人，就连鲁迅的族叔周伯文也认定他是革命党，而且准备大义灭亲去告官。幸亏周伯文的弟弟周仲翔吓唬他：你去告官也可以，不过你要知道，革命党的事儿谁也说不清，万一将来革命党成功了，最先抓去砍头的肯定是你；革命不成功，咱周家出了革命党，岂不是要被株连九族？樟寿被砍了头，被灭的九族里也会有你。周伯文这才没有去告官。

每上一次街，鲁迅的头都是一道景观。周建人劝大哥，算了，没事就别上街了。鲁迅点头，是啊，没事就不上街了。

不上街可以，不参加周氏祖宗祭拜是不行的。祭拜那天，老老少少男的穿长衫女的穿挽袖的外套头上戴头笄，齐聚在大堂。细心的鲁迅发现少了一个人，他问："岐婶呢，她怎么不出来？"

岐婶是岐叔的妻子。岐叔大名叫周凤岐（字鸣山），他是子传奶奶的儿子，诚房族叔；岐婶，人称翠姑奶奶。她不是周凤岐的原配。岐叔曾在乡下教书，寄住在一农人家里，这人家的女儿出嫁后死了丈夫，又回了娘家。她就是翠姑奶奶。她给周凤岐烧饭洗衣，两人好上了。尽管凤岐死了老婆是独身，一个鳏夫一个寡妇再结合合情合理，但是，一来两家门第不合，二来寡妇再嫁有悖伦常，所以，子传奶奶和族里长辈只认翠姑奶奶的身份是妾。

面对鲁迅的疑问，叔祖周藕琴冷冷地回答："她不能拜，她是寡妇，不是三茶六礼用花轿抬来的。"原来，在家乡，妾的身份是低贱的，低贱身份的人不能参加祖宗祭拜。这是所谓"祖宗传下来的规矩"，它在那时很多人的心目中，是神圣而不可侵犯的。

　　鲁迅不是"很多人"中的一个，他是少数中的少数，他才不管那一套呢。他直言岐婶也有资格祭拜。至于为什么，他说："岐叔岐婶是夫妻啊。岐叔既然可以拜，岐婶为什么不能拜？太可笑了。"

　　在鲁迅的坚持下，岐婶终于被允许出来参加祭拜。这其实不是参加仪式那么简单。翠姑奶奶被允许参加了祭拜，意味着她的身份有了质的变化，她从此可以扬眉吐气了。她当然最感激鲁迅。

　　学过医的鲁迅自然懂得"病"，也就对家里人对病的认识的粗鄙而感到悲哀，最典型的就是表妹郦永平流产后一直流血不止却不知道看医生。岐叔十岁的儿子阿维跌了一个跟头，膝盖肿了伸不直了家人也不带他上医院，以致最后他的膝头鼓起一个大肿包而且一直弯曲着，连路也走不起来了，只靠另一只健康的脚蹦。鲁迅坚持陪岐叔带阿维去找美国耶稣教堂的医生（鲁迅坚持不同意找中医，他认为中医肯定是没办法的），但为时已晚。

至于城里人赌博成风抽烟成瘾、男孩儿不进学堂、女孩儿依然缠足等等，都让鲁迅看不过眼。什么叫愚昧？这就叫愚昧。鲁迅痛恨家乡的落后家乡人的愚昧。他觉得他不能再在这里待下去了。

暑假刚过，鲁迅就急不可耐地离开绍兴去了杭州。在浙江两级师范学堂，鲁迅主要负责生物学科方面的翻译，兼教生理卫生课。

生理卫生课免不了会谈到"性"这个敏感话题。一向坦然面对"性"的鲁迅在向学生传授性知识时也坦然面对。他自编了一套人体解剖的讲义《人生象敩》，其中本论的第九部分是"生殖系统"。

公开讲授性的知识，正如鲁迅同事夏丏尊所说，"在今日学校里似乎也成问题，何况在三十年以前的前清时代"。他在《我的同事鲁迅三两事》中回忆：

当时"全校师生们都为之惊讶，他却坦然地去教了。他只对学生提出一个条件，就是在他讲的时候不许笑。他曾向我们说：'在这些时候，不许笑是个重要条件。因为讲的人态度是严肃的，如果有人笑，严肃的空气就破坏了。'大家都佩服他的卓见"。

在严肃的气氛下，鲁迅严肃地讲，学生严肃地听。为了直观形象，他还在黑板上画出男女生殖系统。他的坦然影响了学生，学生只把它当作一门学科，接受的只是一种知识，体会的只是一种科学态度而已，别无其他。

不过，鲁迅虽然写性讲义，画生殖图，但在他的讲义里却有许多含蓄得让人看不懂的古词。比如，他用"也"字表示女阴，用"了"字代表男阴，用"糸"字替代"精子"。没有机会听他课的学生向他借讲义看，他对他们说："恐防你们看不懂的。"若没有古文字知识又不曾听过他的课，用他的讲义自学是困难的。把握分寸，讲究度，是因为鲁迅把性当作科学对待。

可是，鲁迅在杭州也没能待多久，因为学潮，他的好朋友许寿裳辞职走了；因为不满学堂里充斥着陈旧和落后，他也辞职了（他只在杭州待了一年）。无论他多么不情愿，也不得不重回绍兴老家了。有一段时间，他赋闲在家。当然，赋闲并非无所事事，他担当起了三弟周建人学业上的先生、思想上的导师的责任。

在那期间，鲁迅跟周建人谈了很多，谈到旧势力的顽固，谈到一个人该如何与黑暗作斗争，不是硬拼，而要韧，谈到要推翻清王朝不能靠一个拼一个的暗杀办法，而是要有更多的人起义，谈到他希望旧势力能和封建王朝一起覆灭埋葬，不过他认为旧势力旧观念比封建王朝更缠绵更长久，谈到他反对颓唐游荡懒散和无所作为，他主张社会再坏，人也要积极向上奋发努力而不能跟着社会一起烂掉。这些都使周建人心潮涌动热血奔流。

鲁迅还带着周建人出外采集植物标本——原本周建人就听从了大哥的建议一直在自学植物学。鲁迅从日本回来带给建人的礼物是一把解剖刀和一架显微镜，还有英文版的《植物学》《植物学辞典》。

带着工具，他们上了会稽山。在山上，他们看见一种叶子尖细、结红籽、四五寸长的常绿树。这是"千年老勿大"（又名"紫金牛"）。鲁迅一听说是千年老勿大，喜滋滋地说："'千年老勿大'呀，拔得去，拔得去。"建人就拔了，他还掘了一簇兰花，几株映山红、牛郎花。

鲁迅对弟弟说：如果地球上没有植物，将不堪设想。人的衣食住行都离不开植物；农业、林业、畜牧业的发展，医药的进步也都和植物的生长发育有关。他一再说，要多种树，种很多很多的树。

鲁迅总是一套一套的道理，换个人听了也许会嫌烦，可在弟弟周建人听来，一点儿也不空洞不枯燥，反而像叮咚的山泉，在心底滚动出美妙的乐声。

回到家，鲁迅写了一篇游记《会稽山采植物记》，加上之前到钱塘江观潮后写的《镇塘殿前观潮记》，他拿给建人看。建人看了直说写得好，建议拿出去发表。鲁迅说，好啊，就用你的名字吧。建人不好意思，推辞道，那怎么能行，是你写的。鲁迅一边说那有什么关系，我们兄弟哪还分彼此，一边署上了"会稽周建人乔峰"。

后来，鲁迅和二弟周作人写了文章也是经常互相署名的。

兄弟三人实践着不分彼此的诺言，可是在社会动荡更替、人们观念意识遽变的环境下，那诺言却如林中蛛丝，一碰就断了。

杭州的教职丢了，不能不另找份工作。到底是留洋回来的，相对而言，工作还比较好找。这次，他找到的新工作是到绍兴府中学堂任教博物学。

可是，鲁迅在府中学堂的薪水不多，甚至低于在浙江两级师范学堂的时候。这就有问题了。他回国工作本就是为了给日益窘困的家庭多些帮助，这帮助，既包含有养绍兴的一家老小，也包含有继续负担在日本的弟弟、弟媳的学习和生活。如今，薪水越拿越少，还怎么负担得了绍兴、日本这两大摊子？

各家的田差不多都卖完了，还剩下周氏家族的公田。周氏各支各房争啊吵啊商议啊，经过无数次的会，费了无数的口舌，飞溅了无数的唾沫，公田也卖了，卖公田的钱也分配好了。

这钱，鲁迅早就望眼欲穿了。之前，他去信许寿裳，许下过诺言："事一成当即为代付刊资也。"这里的"事"，指的就是卖田。当时，他和其他章太炎的弟子们共同为恩师做一件事儿，那就是集资为章师刻印大作《小学答问》。集资集资，当然是要拿出真金白银的。但他实在没有钱，只能苦等卖田。

终于，周家也拿到了钱，被交到了女主人鲁瑞的手上。

可是，钱是什么东西？若不能钱生钱的话，它只能像一方冰块扔进温泉，转瞬消融。私田、公田都卖光了，无计可施了。怎么办？鲁瑞问长子。鲁迅不吱声。

他没办法吱声。他工作养家，他自己吃得差穿得破，他还能怎么办？不如让老二回来吧，鲁瑞这么提议。

的确，一家人分居两地，开销必定大。重要的是，周作人夫妇是在日本生活，而且只生活不工作，又要读书付学费买参考书，还要时不时贴补老丈人家的生活，开销更可观，负担当然很重。

本能地，鲁迅不忍心唤回二弟。在他的潜意识里，恐怕很有纵使自己再苦再累也要为亲爱的弟弟们遮风挡雨，自己再穷再困也要让亲爱的弟弟们衣食无忧的愿望。他希望自己是棵枝叶繁茂的大树，是像屋顶那么大的巨伞，是伸展开翅膀能遮住半边天的鹰，甚至就是那一片天。但是，他什么都不是。他只是一个拿着不多薪水的哥哥而已。

理智地，鲁迅还是给周作人写了信，让他带着老婆尽快回国。

很快，周作人的回信来了。他说，他不想回国。为什么？鲁瑞想不通，他不是读完了五年书，已经毕业了吗？鲁迅告诉母亲，作人还想要继续读书。母亲不解：读什么？原来周作人还想着要读法文。母亲更不懂了：他不是已经会两国语言了吗？一个中文，一个日文，干吗还要读法文，难道他还要到法国去？鲁迅虽然觉得弟弟好学愿意多读书是好事，但眼下的确太困难，连吃饭都成问题了，他还能两耳不闻窗外事一心只顾读闲书？

鲁迅已经被残酷的现实折磨得很现实了。他现实地认为，"法文不能变米肉"（他给许寿裳写信时这么说）。所以，他认为弟弟应该马上回国。他又给周作人写信。又一封回信来了。周作人坚持要留在日本学法文。

无奈之下，即便经济很拮据，鲁迅还是亲自去了趟日本，对二弟晓之以理动之以情，说母亲如何如何，说家里怎样怎样，说三兄弟两妯娌在一起一定如何亲热。面谈比写信有效率。尽管心有不甘仍然不情不愿，周作人看在大哥不辞劳苦亲自跑这一趟的份上，终于点头同意回国。

一家人团圆了，继续着不分彼此永不分离的神话。

鲁迅在府中学堂，薪水低不说，还不太痛快，甚至很苦闷。他虽是留洋回来的，但他并不激进，从来不向学生传播新思想宣传革命，更不诱导学生游行示威静坐。但是，在绍兴知府（满族人）眼里，他却是个危险分子。

因为什么？因为他剪短发，因为他穿洋服。事实上，他在杭州是穿洋服的，回绍兴后不敢穿了。一个头，一件服，是他成为潜在革命党的标志。

每次知府到学堂视察，都十分敏感鲁迅的头，十分关注他的发，有意无意地要跟他说话谈心，名义上谈学堂说学生，实则探其虚实，挖一挖他灵魂深处是否已种下革命的种子。这让鲁迅很不舒服，很厌恶。

什么也没有探到没有挖到，鲁迅居然升官了，当了监学。不过，这个差事也不是那么好当的。

学堂闹风潮，原因是学生反对学堂监督杜海生以考试中有舞弊行为之由实施甄别考试。学生们闹到绍兴府。绍兴府调离了不得人心的杜海生，委派鲁迅在日本留学时的同学陈子英继任监督。对于甄别考试，却坚持不予取消。学生接着闹。作为监学，鲁迅一方面同情学生，认为学生无大错；一方面却不得不奉命行事。这让他矛盾而痛苦。

这厢没闹完，那厢又闹起。这次的原因是关于剪发。学生们要效仿鲁监学，剪辫子。鲁迅反对——不是反对剪辫子本身，而是很理智很冷静地以为学生没有必要以卵击石火中取栗自找苦吃。他苦口婆心："你们的嘴里既然无毒牙，何以偏要在额上贴起'蝮蛇'两个大字，引乞丐来打杀？"

他自然是好心，不过，好心并不总是换来好报。六个学生不听话，硬是剪了，当晚就被开除了。即使如此，还是有人不认同他的"蝮蛇"理论，反而攻击他言行不一，说他自己剪了发却阻拦别人剪发，是虚伪。

还有人极端地认为，明知山有虎偏向虎山行，是英雄；明知不可为而为之，是豪杰。历时历代农民起义，有哪一个是磨出了毒牙后才揭竿而起的？时不我待，等你练就了毒牙，黄花菜都凉了。什么"蝮蛇"理论，分明一个明哲保身。因此，他们斥责他懦弱。

在这样的情况下，鲁迅又一次辞职。

作为大哥的鲁迅却不能久闲。他是要养家的。他再次四处找工作：给一家书店写信，想做编译员，石沉大海；他想离开绍兴到外地去工作，没人推荐没人介绍，他不知道该到哪里去；他的强项是翻译，他也翻译了一些文章，寄出去想发表挣点儿稿费，被退了稿。

没法子了。他只好重拾旧好，到图书馆抄写乡贤著作和旧小说资料，也继续抄录《会稽郡故书杂集》和《古小说钩沉》，还带着弟弟周建人背上植物箱去野外采集植物和拓碑帖。

就在这个时候，开天辟地一声响，辛亥革命革了清王朝的命，汉人重新当家做主。

新时代扑面而来。

鲁迅的生活也因辛亥革命的成功而改变。

新政府成立后，都督王金发任命鲁迅为山会初级师范学堂的监督（校长）。

鲁迅虽然没有直接参与革命，但他对革命是欢迎的拥护的，否则他也不会接受新政府王金发的任命。但是，他发现，这个王金发和那班新政府的官员们也都不是人们所期待的人。

他们不严惩杀害"鉴湖女侠"秋瑾的凶手；他们跟地方上的乡绅土豪眉来眼去；他们把每一天都当作生命的最后一天来不及似的尽情享乐，天气还不冷就穿起了皮袄，那革命时穿的土布衣旧草鞋早就不知抛到哪里去了；他们像革命前的恶霸地主一样四处搜刮地皮。在他们的纵容下，一批旧官僚也摇身一变，都以"草字头"（革）自居了。

乌烟瘴气，全城充斥着乌烟瘴气。

不满和怨言，像坟场上的冥纸，四处飘散。

山会初级师范学堂的学生们向鲁迅提议，办一份报纸，用以批评监督新政府。鲁迅同意了，他给报纸取名"越铎"，还以"黄棘"的笔名写了一篇《〈越铎〉出世辞》。

报纸出来了，王金发傻眼了。那报纸，满是骂他的文章，连他的七大姑八大姨都是骂的对象。他派人给报社送钱，五百元。意思嘛，很明显，花钱消骂。学生们的做法是，钱收，照骂，而且更狠更毒更绝。

鲁迅不太赞同这样的做法。他不是主张收了钱就不要骂了，而是认为那钱无论如何不能收。可报社有苦衷，办报，是要经费的。正缺钱的时候，有人送上门来，岂不是雪中送炭的大好事？

对于王金发来说，是赔了金钱又折名声。这下，强盗出身的他发怒了。

气氛一下子变得紧张起来。在学校，有人劝鲁迅赶紧外逃躲避风头；在家里，鲁瑞再三叮嘱他窝在家里不要再四处走动了。朱安也时时处于不安和恐惧的状态。鲁迅却不以为然。他认为，会叫的狗不咬人，王金发喊打喊杀的，就像那会叫的狗，未必敢真动手。

的确，王金发没真动手。但是，鲁迅在山会初级师范学堂又待不下去了。除了办报的问题，也有苦于没有办学经费的原因。他刚上任时，王金发拨给他两百元。区区两百元，能维持多久？他去要钱，被《越铎日报》闹得脑袋冒青烟的王金发见了鲁迅就气不打一处来，虽然又拿出了两百元，但骂骂咧咧地，最后还不忘狠狠地补上一句：再来要，没有了！

鲁迅第三次决定辞职。

辞了职的鲁迅一封信一封信地给许寿裳写信，希望老朋友帮忙。当下，他最想要的不只是一份工作，还有远离绍兴。所以，他请求许寿裳为他找的工作不限本地，"虽远无害"。看得出来，他太想离开家乡了。而之所以如此，除了对当地环境、人心失望与厌恶外，好像还有别的原因。这个"别的原因"，应该跟他不爱的妻子朱安有关。

面对一个没有温暖（不是他想要而要不到，也就是说不是别人可以给而不给，而是他拒绝）的家庭，面对一个不爱也爱不起来的老婆，他每天都像被人勒着脖子卡着喉咙，喘不过气来；面对亲友一而再再而三的规劝，面对母亲时不时的叹息和眼泪，他时时有被一双无形大手揪拽灵魂的痛苦感觉。再不走，再不离开，他似乎都要疯了。

如何才能离开这里呢？这个问题，他天天琢磨。去当编辑？到哪里当好呢？上海！那是个好地方。于是，他托人介绍，给上海的一个书店寄去应聘简历。不久，书店回了信，寄了一篇德文，让他翻译——这就是应聘考试。他在新台门公用的没有门窗的大厅里闷声不响地踱来踱去，踱了半天，终于决定应考——如果考上，月薪百元，很可观的。

很多时候，机会要么不来要么蜂拥而至。

中华民国临时政府在南京成立，各部委相继确立，各部委行政长官也相继上任。教育总长是蔡元培。蔡总长励精图治准备组建一个新机构，广纳贤才。许寿裳被他邀去了南京。许寿裳向他推荐了鲁迅。"那个从日本回来的周树人？听说过，我也正想驰函延请他呢。"蔡元培满口答应。许寿裳赶紧给鲁迅写信，连写了两封，说明蔡总长殷勤延揽之意。

一个上海的书店，一个南京的教育部，鲁迅很快作出选择，到南京去。这时，上海那个书店的应聘考试结果还没有出来。他也管不了那么多了，立即打点行装，像被放生的鱼急不可耐地奔逃了出去。三个月后，教育部迁往北京，鲁迅随同北上。离家更远了，这正是他想要的。

　　这样一来，鲁迅与朱安又开始了两地分居的生活。这样的生活一直持续了七年，从一九一二年年初鲁迅到南京开始算起，到一九一九年全家由绍兴搬迁到北京为止。

投身新文化运动

　　初到北京，在北京教育部任佥事（相当于现在的科长）的鲁迅先住在宣武门外南半截胡同绍兴会馆西边的藤花馆，后来移居东边的补树书屋。这里的院子里有一棵槐树，相传吊死过一个女人。槐树不因为在它的身上死过人就停止生长，长啊长，直长到高不可攀。书屋却因为院子里死过人而一直没有人愿意入住。只有鲁迅，他不在乎。

　　他不在乎不只是他不怕。的确，他是不怕的，他曾经半夜三更在坟场穿来穿去。他不在乎似乎还有自虐的成分。他明明有家有室，却偏偏选择孤独。不是一般地远离人，而是违背常理地向鬼魂靠拢。越是黑夜，越是人迹罕至之处，越是不加避讳，而他好像很享受那份寂寥。

当二弟周作人后来也来到北京，也住进补树书屋后，鲁迅便不再孤独了。被鲁迅唤回国的周作人起先在杭州的浙江教育司当视学。其实，他这个视学也没有什么学可视，他在司里连间办公室也没有，只在司办公楼门口有一间阴暗的住房。没事可做，他就看书，累了，倒头便睡。当时也在教育司工作的钱玄同戏称他是在"卧治"。

没事做但有薪水拿，按理是很舒服的，但周作人并不满足，他满腹牢骚，一直在抱怨。牢骚什么？抱怨什么？蚊子太多。他被咬得遍体鳞伤，还得了疟疾。他恨恨地想：这是什么破地方。还教育司呢，仿佛这是蚊子而不是人待的地方。周作人不想跟蚊子争地盘。他只在教育司"卧治"了一个月，拿了九十元大洋，就称病告假回家了。

告假，只是借口。疟疾治好了，假也放完了，他却不再回去了。

鲁迅在北京教育部干得其实也不兴高采烈，甚至很郁闷。部里有一个次长背后使坏整他，让他险些丢了这份工作。他很生气，但没有一气之下就辞职。

周作人在教育司是"卧治"，鲁迅在教育部是"做老爷"，也是无事可干。

"卧治"时的周作人，看书还翻译了几部作品；"做老爷"时的鲁迅，看拓本还抄碑，也大量买佛经看佛经。都没真正地闲着。

回到绍兴的周作人很快又有了新工作，在绍兴县教育会任会长，又在省立第五中学（原绍兴府中学堂）任英文教授。会长任上，月薪五十；教授任上，月薪五十（后来又涨到六十八）。这两份薪水，养家糊口是没问题了。

闲来无事，鲁迅让他的书画界朋友陈师曾为他刻一枚图章。陈问：刻什么呢？鲁答：就刻"俟堂"吧。陈又问：为什么刻这两个字呢？鲁又答：你陈兄号槐堂，那小弟我就叫俟堂，是"我等着，任凭什么都来吧"的意思。

后来，他以他的曼妙文采上了陈独秀的《新青年》，小说，他署名"鲁迅"；诗歌，他署名"唐俟"。唐俟，俟堂反过来。

唐俟，从字面上解，乃空等。或许包含一丝自嘲。

其实，鲁迅没有空等，紧跟大哥的周作人也没有空等。他们等来了显示才华的机会，那也是扬名立万的机会。

　　一九一六年，袁世凯死了，新任总统黎元洪请蔡元培到北京大学当校长。蔡校长的教育思想目前无人不知，那就是"学术平等""思想自由""兼容并包"。他像当初就任教育总长广泛延请社会贤达时一样，为振兴北大而四处招揽人才。陈独秀去了，胡适去了，刘半农去了，刘文典去了，钱玄同去了，朱希祖去了，等等。周作人也去了，进北大，当了教授。

　　那么，是谁推荐的周作人？直接推荐人是许寿裳。因为许寿裳跟鲁迅的关系，明眼人一看便知，一定是鲁迅请托许寿裳向蔡元培推荐了周作人。

　　许荐作人，当然也不是荐人唯亲。蔡元培上任后，大刀阔斧进行课程改革，有意增加一些原先没有的新课程，其中有古希腊文学史和古英文。周作人在古英文方面谈不到颇有建树，但略有研究。别小看了这"略"，能像周作人那样"略有研究"的，在当时真不多。这算得上是他的专长。

　　就这样，周作人步鲁迅后尘也来到了北京。

　　不用说，初到北京人生地不熟的周作人自然住在大哥的家里。说"家里"不准确。自从来到北京，鲁迅一直是一个人住在绍兴会馆。要说"家"，那里的补树书屋就是他的家。

有天半夜，兄弟俩刚刚睡下，就听见猫在屋顶叫春，叫得人心烦。兄弟俩从床上爬起来，周作人把茶几搬出来，放在后檐下；鲁迅操起一根长竹竿站上去一顿乱打。猫被打跑了。兄弟俩搓搓手，相视而笑，又回去睡下。可不一会儿，它们又来了，又叫起来了。兄弟俩再爬起来，再赶。

周作人对北京的印象远不如他对东京的印象好。当初他到东京，东京的种种让他有惊艳之感；如今他到北京，北京的种种，住的脏破差，吃的乱糟糟，京剧的怪声怪调，还有北方人的粗鲁，都让他看不顺眼。

诸事不顺，使他心情很糟糕。安顿好以后，他去北大找蔡校长。第一次没见着，第二次又没见着。这让他简直有了打道回府的冲动。第三次，还是蔡校长登门拜访，这才算见着了面。可是，蔡校长对他工作的安排，他很不满意。原本他是计划教授新开设的古希腊文学史与古英文课的，而蔡校长却让他改教预科国文作文的课程。他不想干。

鲁迅问他为什么不愿意教国文，是觉得大材小用？

周作人认为国文最难教。他说，这帮学生，个个都会做文章，对国文老师要求就高。不像外国文学、古英文，他们所知不多，为师尽可以自由发挥。

于是，周作人便不想在北京待了，他要回绍兴回家去。谁也劝不住。文科学长陈独秀来劝，他不听；沈尹默来劝，他也不听。连鲁迅也没有办法留住他。他一心一意就是要辞职！

蔡元培哪舍得放他走。退而求其次，他改聘他担任北大附设的国史编纂处编纂，月薪一百二十。周作人这才勉强留了下来。蔡元培哪里知道，他挽留下来的不只是一个收集英文资料的编纂，还是随后而来的新文化运动的一员战将。

新文化运动发端于胡适的《文学改良刍议》。这篇文章最早发表于《新青年》。《新青年》的前身是《青年杂志》，是陈独秀于一九一五年九月在上海创办的。随着陈独秀、胡适等《新青年》同人应蔡元培之邀分别担任北大文科学长、文学教授而先后进京，《新青年》也从上海迁到了北京。周作人刚到北京，鲁迅就给他推荐了这本杂志。

在一般人的想象中，他们兄弟，一定是哥哥最早在

《新青年》上发表文章。其实不是。在第四卷第二号的《新青年》上，周作人比鲁迅早三个月发表了作品：用白话文翻译的古希腊诗，题目是《古诗今译》。

这个时候，鲁迅还沉浸在他枯燥沉闷的抄碑工作中。有一天，钱玄同问他，你抄这些有什么用？他说，没有什么用。钱玄同更不解，那你抄它干什么，有什么意思呢？他不说话。钱玄同鼓动他，不如做点文章吧。

鲁迅真的是不做则已，一做惊人。《狂人日记》《孔乙己》《药》等相继问世。几部小说多以故乡为背景，主人公也大多能在他的亲戚朋友中找到影子。他一直不太喜欢故乡。也许正是这种"不喜欢"，反而让故乡深刻地印在了他的心底。一铺开纸，一拿起笔，眼前浮现的全是故乡的景和故乡的人。他或许没有想到，他不喜欢的故乡为他提供了取之不竭的写作素材。

《狂人日记》是鲁迅发表的第一个短篇小说，也是中国现代文学史上第一部现代白话文小说，它刊登于一九一八年五月的《新青年》第四卷第五号，后收入鲁迅的文集《呐喊》。小说的主人公是一个精神错乱的"狂人"，他的原型应该是鲁迅家的两个亲戚，一个是他称作"子京公公"的周子京；一个是他的表弟阮文恒。

关于周子京，鲁迅曾在另一篇短篇小说《白光》里有过一段描写："凉风虽然拂拂的吹动他斑白的短发，初冬的太阳却还是很温和的来晒他。但他似乎被太阳晒得头晕了，脸色越加变成灰白，从劳乏的红肿的两眼里，发出古怪的闪光。这时他其实早已不看到什么墙上的榜文了，只见有许多乌黑的圆圈，在眼前泛泛的游走。"原来，周子京反复考科举却屡考屡败，终于疯了，有时痛哭，有时寻死，有时狂呼着往外奔突。最终，他疯病大发作，用剪刀在胸前刺了五六个洞，又戳破了自己的喉咙，这还没有死。他又拿来一张纸放在煤油里浸，然后燃着火，他趴在火纸上烧自己。接着，他跑出家门，直接奔到河边，高叫了一声"老牛落水哉"后跳进了水里，死了。很明显，在鲁迅看来，他的子京公公是被封建的科举制度害死的。

相比周子京，阮文恒更贴近"狂人"形象。他是鲁迅大姨母的四儿子，毕业于浙江政法专门学校，后在山西做幕僚。一九一六年，阮文恒突发精神病，总是疑心有人要害他，便跑到北京避难。他先住在旅店，旅店来往人多，他总怀疑害他的人隐藏在其中。当时，鲁迅住在绍兴会馆，看他在旅店住得不安稳，便把他接到自己的住处。一天，鲁迅还在睡梦中，阮文恒突然狂敲他的窗子。鲁迅问他为何如此慌张，他说他就要被拉去砍头了。然后，他写了一封遗书，托鲁迅转交他家人。鲁迅知道他病得越发重了，把他送去医院。途中，看到街上的警察，他更吓得魂不附体。医治了一段时间，鲁迅见他病情稳定了，将他送回了绍兴。

如果《狂人日记》只记述周子京、阮文恒一类的"狂人"的奇异行为和变态心理，那么，它只会是一篇浅薄之作而不会成为经典。鲁迅的本意是借狂人的非正常观察，展现其周围的所谓"正常人"："他们——也有给知县打枷过的，也有给绅士掌过嘴的，也有给衙役占了他妻子的，也有老子娘被债主逼死的"。这些正常人明知被人欺压身陷苦难，却逆来顺受不知反抗，一旦有机会还要反过来"吃人"。为此，鲁迅感叹："还是历来惯了，不以为非呢？还是丧了良心，明知故犯呢？"

这便引出小说的主题，按照鲁迅自己的说法，就是"意在暴露家族制度和礼教的弊害"。弊害是什么？吃人！什么东西吃人？封建礼教。于是，小说中才有这样一段话："我翻开历史一查，这历史没有年代，歪歪斜斜的每页上都写着'仁义道德'四个字。我横竖睡不着，仔细看了半夜，才从字缝里看出字来，满本都写着两个字是'吃人'！"

作为一篇小说，《狂人日记》的意义超越了文学而更突显于它的思想启蒙，那就是对封建礼教的入木三分的无情揭露、对麻木不仁愚昧无知的国民劣根性的有力鞭挞。新文化运动的一个重要任务就是批判封建礼教，而《狂人日记》恰恰将"封建礼教"作为批判对象，因此，它一经面世顺理成章立即成为新文化运动的一个标杆，新文化运动的健将们也顺势扛起了"救救孩子"的反封建旗帜。

《孔乙己》是继《狂人日记》之后鲁迅的第二篇白话文小说，发表于一九一九年四月的《新青年》第六卷第四号，后编入《呐喊》。它延续了"吃人"的主题，描写了一个被封建科举制度残害了的旧知识分子形象。小说故事发生的场景是一家酒店，原型是鲁迅亲戚在绍兴城开的咸亨酒店。主人公孔乙己的原型是常常光顾咸亨酒店的一个姓孟的人称"孟夫子"的读书人。与周子京一样，孟夫子考科举久考不中，因此穷困潦倒，却又嗜酒如命。身为读书人，又离不开书，无钱购书只能去偷，理由是"窃不算偷"，被抓住后打折了腿，只能用蒲包垫在地上，用手撑着"走"路。

表面上看，鲁迅借孔乙己这个个体展示了被封建教育制度抛弃的所有下层知识分子的不幸遭遇，抨击了封建传统教育制度"吃人"的本质，实际上，它更深层次的含义在于"描写了一般社会对于苦人的凉薄"。抛开孔乙己所处的社会环境，其实，无论哪个国家，哪个时代，哪个社会制度，"苦人"总是存在的，而社会对待苦人的态度，"凉薄"是亘古不变的主题。这是人类社会人性恶的表现。因此，《孔乙己》的价值不仅体现在对封建文化恶性本质的揭露和批判上，更在于从人性的角度对于"人"的反思。说它具有历史和现实双重意义，实不为过。

曾记否，因为缺乏医学常识，表妹流产后流血不止；族叔的儿子阿维只能瘸腿，这是鲁迅又一篇小说《药》的灵感来源。它最初发表于一九一九年五月《新青年》第六卷第五号上，写了一个愚昧的华老栓为救患痨病的儿子华小栓，听信迷信而购买"人血馒头"的故事。整篇小说分为两条线，一条是华老栓辛苦工作，只为赚钱购买用革命烈士鲜血浸染过的人血馒头，而儿子吃了人血馒头后还是死了；一条是革命烈士夏瑜参加推翻清朝统治的革命运动，而被刽子手斩首。夏瑜的原型是鲁迅的绍兴同乡"鉴湖女侠"秋瑾。"夏"和"秋"相对应；"瑜"和"瑾"都是美玉的意思。

鲁迅想借《药》表达的思想是多层次的，既赞叹于父母对子女的无私，也哀叹他们的无知愚昧，又痛恨社会的落后，还佩服革命者的无畏。当然，他的目的更在于揭示当时的革命之所以不能取得成功的深层原因，那就是，革命的真正力量应该在于民众，而广大民众却仍在落后与愚昧中沉睡。鲁迅的先知先觉便正在于此。

小说以外，鲁迅也写诗，当然是新诗，有《梦》《爱之神》《桃花》等。不过，在写新诗方面，他不如弟弟，他的诗读起来有些晦涩难懂，周作人写的新诗更自由流畅。有意思的是，周作人的新诗代表作《小河》（被胡适赞为"新诗中的第一首杰作"），却是鲁迅帮他修改的。

渐渐地，文化人都知道了，在新文化运动中有一对兄弟战将。

除了继续给《新青年》投稿外，抢着向他俩约稿的还有新创办的《晨报》和《小说月报》等。即便因观念相异，《新青年》由陈独秀带去了上海，北京的胡适等人和《新青年》几乎绝交，鲁迅仍然把《风波》寄去上海给《新青年》发表，算是以行动继续支持《新青年》。这几乎让孤军奋战的陈独秀涕泪。

周作人在《晨报》上发表了《新村运动的解说》，又在《工学》上发表了《工学主义与新村的讨论》，招来了正在忧国忧民为中国寻找出路的毛泽东。毛泽东登八道湾的门拜访周作人，讨论"新村"问题。

翻译，历来是兄弟俩的强项。鲁迅翻译了德文版的俄国作家阿尔志跋绥夫的中篇小说《工人绥惠略夫》；周作人翻译了犹太作家宾斯奇的剧本《被幸福忘却的人们》等。

论作品的文学和思想价值，非鲁迅的《阿Q正传》莫属。它写于一九二一年十二月至一九二二年二月之间，第一章的内容发表在孙伏园任编辑的《晨报副刊》"开心话"栏目，时间是一九二一年十二月四日。许是为了契合栏目的"开心"宗旨，鲁迅在小说的开头用了近于滑稽的写法，但他在写作中一直自我警醒，"不以滑稽或哀怜为目的"。孙伏园在看了第二章的内容后，觉得那已经不能算作是一部纯粹的幽默作品了，而极具深刻性，便把它由"开心话"移到了"新文艺"栏目。

小说的故事发生在一个叫未庄的偏僻乡村，主人公是一个生活在社会最底层小丑般的人物阿Q，他没有土地，靠做短工为生，有时割麦，有时舂米，有时撑船；他没有家，住在土谷祠里；他甚至没有自己的姓，有一次借着酒劲说自己姓赵，是赵太爷的本家，被赵太爷打了一个耳光，还被警告不许姓赵。显然，鲁迅刻画了一个被剥削被压榨处境悲惨地位低贱的卑微下等人的形象。

　　阿Q的原型有三个，最主要的一个名叫谢阿桂，他曾在鲁迅家做过短工。鲁迅从日本返回家乡后，得知谢阿桂住到土谷祠去了。他去土谷祠找阿桂，见一帮小孩儿正欺负一个衣衫褴褛、骨瘦如柴的人。近前一看，正是阿桂，他脸色发青，目光呆滞，已经完全认不得鲁迅了。鲁迅很伤心地离开了。当晚，窗外有人喊抓贼，鲁迅推开窗，发现那贼正是阿桂，不由感慨道："阿桂变成这样，难道与社会无关吗？"辛亥革命后，鲁迅又一次在土谷祠见到了阿桂，只见他赤着脚很兴奋地边跑边唱着"得得锵锵"，然后又大喊："造反了！造反了！到了明朝，房子有哉，老婆有哉，白米饭也有了吃哉！"另一个原型是谢阿桂的弟弟谢阿有，也是一个流浪汉，却有着劳动人民的本色，在《阿Q正传》中化为阿Q的"真能做"。还有一个原型是绍兴城的桐少爷，他是鲁迅家的一个亲戚，家道中落后曾下跪向老妈子求爱，央求道："你给我做了老婆，你给我做了老婆。"

面对剥削和压榨，鲁迅笔下的阿Q很麻木，不曾有过思索，更没有任何反抗的意识，反而陶醉于自欺欺人中不可自拔，用"精神胜利法"安慰和麻醉自己以逃避残酷现实。在第二章中，鲁迅用了相当的篇幅描绘了阿Q的精神胜利法。他常常夸耀过去："我们先前——比你阔得多啦！你算是什么东西！"——其实，他连姓都没有。他常常憧憬未来："我的儿子会阔得多啦！"——其实，他连老婆都没有。被别人打了，他自我安慰："我总算被儿子打了。"他被逼承认是第一个能够自轻自贱的人，却因为"状元不也是'第一个'么"而为自己有了个"第一个"自认又取得了胜利。

阿Q性格的复杂性是鲁迅刻意描述的。他这样诠释阿Q性格中的矛盾："有农民式的质朴、愚蠢，但也很沾了些游手之徒的狡猾。"他自己常被欺侮，转过身又去欺侮比他更弱小的小尼姑；他干活，但也赌博、打架、偷东西；他看不起城里人的傲慢，也不屑乡下人的目光短浅。当他发现"革命"后的未庄天地大变，连从来不把他放在眼里的赵太爷都尊称他一声"老Q"时，他觉得革命是有好处的，而他认识的革命无非是"财产""女人"和"吃饱饭"。对他来说，这足以让他投身革命。然而，因革命而风光了一阵子后，他发现他根本革不了别人的命，革命也根本改变不了什么。相反，赵太爷、秀才和假洋鬼子在一夜之间也成了革命党，而他反被诬为盗贼，不得不面临杀头的厄运。

《阿Q正传》的实际意义在于人人都在"阿Q"身上看到了自己的影子，多多少少沾染着中华民族特有的劣根性：麻木、怯弱、懒惰、狡猾、狭隘、盲目、奴性、自欺欺人、明哲保身、善于投机、对上卑躬屈膝对下傲慢无礼等等。鲁迅作品最擅长的便是对国民劣根性的揭露，这也是他自始至终最为关注的问题。早在日本留学时，他就常常与好友许寿裳讨论："怎样才是理想的人性？""中华民族中最缺乏的是什么？""它的病根何在？"他认为，中国人最缺乏的是两个字，诚与爱。而他之所以弃医从文，便是抱着"启蒙主义"的思想，"揭出病苦，引起疗救的注意"（鲁迅《我怎么做起小说来》）。落实到具体的《阿Q正传》上，他的目的是要

"写出一个现代的我们国人的魂灵来"（鲁迅《俄文译本〈阿Q正传〉序及著者自叙传略》）。

鲁迅写这篇小说时没署真名，而以"巴人"代之。

巴人是谁？"Q迷"们对创造出"阿Q"这个荒诞人物的作者产生了好奇，四下打听，无所获。正在胡乱猜疑的时候，陡见一篇评论文章，从中他们看到了作者的影子。

这篇题为《〈阿Q正传〉》一文的评论文章作者署名"仲密"，其实就是周作人。他分析说，"阿Q"的作者使用了讽刺创作手法，这种讽刺是反讽、反语、冷嘲。它在中国文学史中很少见，而来自外国短篇小说，尤以俄国的果戈理与波兰的显克微支最为显著，日本作家夏目漱石也留下不少影响。周作人自己翻译过显克微支的小说《炭画》，也是描写农村生活的。他和鲁迅都曾在日本留过学，夏目漱石的作品读过不少。

表面上看，他在评论小说本身，实则揭了一个秘，那就是告诉大家，这小说的作者不是别人，正是鲁迅。

一个写，一个评。这兄弟俩配合得很有上阵父子兵打虎亲兄弟的味道。

兄弟俩也互帮。周作人受邀和沈雁冰、郑振铎一起参与发起成立文学研究会，负责起草研究会的宣言。他写，鲁迅修改润色。鲁迅是政府官员，按规定不能参加社团。他支持文学研究会的方式，一是助周作人起草宣言，一是为研究会下的《小说月报》写了《端午节》《社戏》《在酒楼上》等文章。

人一出名，机会也就多了。出了名的周作人除了北京大学的本职工作外，又被女子高等师范学校聘请，讲授欧洲文学史。燕京大学开设新文学课，校长司徒雷登让胡适推荐人。胡适推荐了周作人。周作人走马上任担当新文学系主任，还开了几门课：国语文学、文学通论、习作和讨论。

鲁迅也是，除了教育部的本职工作外，他四处兼课，兼课的学校多达八所，待的时间比较长的是北京大学、高等师范学校、女子高等师范学校。而北大的那份兼职还是周作人介绍的。

当时，北大国文系拟增设一门小说史课程。谁有资格来上这门课？在系主任马幼渔的心目中，是周作人。而在周作人的心目中，是他大哥。的确，鲁迅原本就对"史"感兴趣，还亲手抄录过一部《古小说钩沉》。这样，周作人便向马主任推荐了鲁迅。马主任接受了，校长蔡元培也接受了。

兄弟俩一起活跃在北大，只是身份有所不同：鲁迅是讲师，周作人是教授。这当然不是说此时的鲁迅不如周作人，周作人比鲁迅了不起，而是按规矩办事。什么规矩？北大外聘来的兼职者都只能称讲师。鲁迅的本职是教育部官员，他在北大只是兼职。

也正因为这份兼职，鲁迅写成了一部《中国小说史略》。胡适曾经在谈到中国小说的研究成果时，对鲁迅极为赞赏，说："在小说的史料方面，我自己也颇有一点点贡献。但最大的成绩自然是鲁迅先生的《中国小说史略》；这是一部开山的创作，搜集甚勤，取材甚精，断制也甚谨严，可以替我们研究文学史的人节省无数精力。"（胡适《〈白话文学史〉自序》）

胡适是新文化运动的旗手，投身新文化运动的鲁迅很自然地与胡适有过交往。那是在一九一八年。其时，胡适刚刚自美国归国，是北京大学最年轻的教授，可谓春风得意、豪情满怀。而鲁迅除了按时到教育部当差应卯外，余暇时，他抄古碑，看佛经，逛逛琉璃厂搜寻旧典，过着闲散但很苦闷的生活。

从性格上来说，他俩差别甚大。鲁迅总是忧郁的、心重的、复杂的；胡适却常常是开朗的、轻松的、单纯的。这样两个性格完全不同的人因为《新青年》而走到了一起。可以推测的是，鲁迅在参加《新青年》之前，应该看过胡适的被称作是新文化开端的《文学改良刍议》以及被抬高到极致地位的《中国哲学史大纲》。这个时候，他对胡适是尊敬的、欣赏的，因而才有可能与胡适开始了频繁的交往。

在长达三四年的时间里，他俩的交往除了曾经一起吃过饭外，更多的是信来信往。一九一九年六月十九日，鲁迅还跟二弟周作人一起到第一舞台看学生演出的胡适创作的新戏《终身大事》。

共同主持《新青年》的时期是胡适与鲁迅思想最为接近的时期。那是因为有对文学革命的共同追求，对思想革命的共同向往，对传统文化中的封建性的共同唾弃。因此，两人也就有了不少"共同"的行为：

当胡适在《新青年》上发表《贞操问题》，批判封建贞操观后，鲁迅紧随其后，也在《新青年》上发表《我之节烈观》，抨击节妇烈女的不人道行为。

一九一九年八月，胡适在《每周评论》上发表了白话诗《我的儿子》，反对愚孝。三个月后，鲁迅的文章

《我们现在怎样做父亲》在《新青年》上刊出，一样是对封建孝道的鞭挞。

当胡适喊出"打孔家店"后，鲁迅发表了白话小说《狂人日记》。在离开了《新青年》这个共同的宣扬文学革命的阵地后，胡适与鲁迅又在翻译问题、文学创作以及中国小说史和文学史上找到了新的共同点。一九一九年，正当胡适感慨于中国小说向来无史，欲致力于此并用科学方法做一部中国小说史时，他惊讶地欣喜地发现鲁迅正在进行中国古代小说的研究。一九二〇年，鲁迅在北京大学开设了"中国小说史"的课程，又着手编写讲义《中国小说史大略》。很自然地，当《呐喊》和《中国小说史略》出版后，鲁迅赠书给胡适。

胡适写了《〈红楼梦〉考证》《〈水浒传〉考证》《〈西游记〉考证》，与鲁迅的小说史研究相互呼应。他所说的研究小说的科学方法是"考证"。在对《西游记》考证时，他委托过鲁迅为他找寻有关材料。自然地，当《〈西游记〉考证》出版后，他也赠了一本给鲁迅。

一九二二年五月，胡适在作《〈三国志演义〉序》时特意指出："作此序时，曾参用周豫才先生的《小说史讲义》稿本。"而在作《〈水浒续集两种〉序》后，他曾将书稿寄给鲁迅过目。鲁迅回信夸赞："序文极好，有益于读者不鲜。"

不仅是《西游记》，鲁迅也对胡适的《水浒传》研究提供过帮助。原来，胡适研究《水浒传》时，鲁迅听说齐寿山的本家正欲出售百廿回本《水浒传》复本，便告知了胡适。胡适复信表示愿购，还请鲁迅代购。鲁迅代购后将书寄给了胡适。胡适将书款寄给鲁迅，让代转交齐寿山。

很自然地，鲁迅在撰写《中国小说史大略》中有关《水浒传》《西游记》《红楼梦》等时，也引用过胡适的考证材料。

看得出来，胡适与鲁迅之间的交往似乎仅限于学术交流，一旦涉及到思想观念、政治倾向时，他俩的分歧就显现出来了，分道扬镳也成为必然。在一九二五年左右，两人中断了交往。

不仅如此，鲁迅和周作人这对新文化运动的兄弟战将也裂隙横生终至恩断义绝。实际上，他俩关系的破裂从一九一九年举家由绍兴迁到北京时就注定了。

从绍兴到北京

从一九一二年离开绍兴到北京，到一九一九年偕妻母迁居北京，在长达七年的时间里，鲁迅只回过两次家。第一次是在一九一三年六月，只是探亲，他在家里待了一个多月。第二次是在一九一六年十二月，是为了给母亲祝贺六十寿辰。家里连续热闹了三天，唱戏，祭祖，吃饭，喝酒。母亲很高兴。

鲁迅下决心在北京买房而"丢弃"绍兴的祖宅把全家搬到北京，有主观因素也有客观原因。

从主观方面讲，他们兄弟三个早就发过誓：不分彼此，永不分家。不分彼此的表现，是一人挣钱大家花，两人挣钱也大家花，三人挣钱还是大家花。永不分家的表现，是不管结婚成家与否，都一个锅里吃饭，一个盆里喝汤。按他们自己的誓言，就是有饭大家吃饭，有粥大家喝粥。

独自一人在北京工作的鲁迅一直是这么做的。他一有钱就往家里寄。这个"家"，不只是他和朱安的小家，还包括母亲、弟弟、弟媳、侄儿、侄女们的大家。当然，也挣钱的周作人、周建人也是如此。一个大家分居绍兴和北京两地，一来相思苦，二来开销大。

从客观方面讲，东昌坊口的周家新台门被卖掉了。他们不搬家也是不行的。

鲁迅祖父周福清生前好骂人也不是没有道理的，周家一代不如一代。生前，他写了本《恒训》，书中说，周家在他高祖时，锦衣玉食。后来，"自我昆季辈，不事生计，侄辈继之，卖田典屋，产业尽矣"。

民间有说法，富不过三代。周家到周福清这一辈，不事生计的占了大多数，但好歹还有些许成就了一番事业的人（比如周福清）。到了鲁迅这一辈，不但不事生计的人越来越多，甚至还出了破脚骨（绍兴当地的说法，即流氓）、乞丐、大烟鬼。他们的生活，不靠卖田典屋，还能靠什么。

先卖田。卖完私田卖公田。无田可卖了，就典屋。对于鲁迅家而言，屋，就是共居着六房（智房下兴、立、诚；仁房下礼、义、信）的周家新台门。

在出卖新台门之前，仁房先卖掉了属于他们的百草园东边的一半。买主名叫朱阆仙，也是绍兴人。从此，在百草园的中央竖起了一道墙。那道高高的墙，朱家的百草园在那头，周家的百草园在这头。

接着，轮到新台门了。最早动议出卖新台门是在一九一六年。提议出卖新台门的，是仁房下义房族的周庆蕃和周藕琴兄弟。按照周家老祖宗传下来的规矩，卖田卖房须经每房的同意，单独一房不得擅自处置。也就是说，周庆蕃和周藕琴想卖新台门，必须得到六房的同意。

六房中，最不想卖的是兴房，也就是鲁迅他们家。此时，他们三兄弟都有工作，而且工作都还不错，足以维持一家老小的生活。但是，这个时候，只有周庆蕃和周藕琴的辈分最高（跟周福清同辈）。他们说要卖，晚辈们也不敢说不。

就这样，周家新台门被卖掉了。一九一八年九月，买卖双方签订买卖契约。契约除了约定价钱、支付方式、支付时间、税费交纳主体和交纳时间外，还约定了交房时间，是一九一九年年底。这意味着周家人（当然包括鲁迅一家）必须在此之前搬家。

114

绍兴那里，房屋买卖契约一签订，北京这里，鲁迅就开始了四处找房子。最终，他看中的地方是新街口八道湾十一号的一处四合院。经过简单的装修，十一月二十一日，鲁迅及周作人一家先搬进了八道湾新居。五天后，鲁迅请了假。十二月一日，他独自一人起程回乡，去接绍兴的家人。

冒着冬的严寒，鲁迅回到了相隔两千余里、阔别了七年的故乡。一路走过去，他看见"苍黄的天底下，远近横着几个萧索的荒村，没有一些活气"（鲁迅《故乡》）。他的心，禁不住悲凉起来。故乡，还是如此，没有进步。只因为没有进步而心生悲凉吗？鲁迅自问。好像不完全是，也有他即将永诀熟识的老屋，远离熟识的故乡，搬家到他"谋食的异地"去而产生的惆怅。

第二天一大早，专为搬家而回家的鲁迅开始谈搬家的事儿了。他告诉母亲北京的房子已经买好了，也装修好了，他和作人一家已经搬去住了。家里新添了一些家什，绍兴这里的家具搬不走，都卖了吧。鲁瑞说，是啊，好些个木器，老三都已卖了，也收不回什么钱。

周建人解释了为什么东西卖了却收不回钱："新台门要出卖的消息早已传了出去，大家都知道。收旧货的商人杀价收购。笨重的家具没有人要，大多送人了，即使卖给亲戚朋友，也只收很少的钱，有的说好了多少钱，但付不出来，我们也就算了。"（周建人《鲁迅故家的败落》）

鲁迅问：新台门里的其他本家呢？周建人说："都搬走了。有的搬去了南京，有的不知搬去了哪里，比如谦叔，可能是躲债，悄悄搬的，没人知道。早晨起来，就发现人去楼空了。要债的天天上门吵闹。"

鲁瑞、朱安去忙早饭了，周建人领着大哥四处转悠，商量着怎么处理家里的物件。在明堂（即屋中院子）里，他们看见原先搁花盆的石条凳和一个浇花用的石板砌成的石池。石条凳上已经没有了他们从小看到大的各种花和草——月季、石竹、文竹、映山红、万年青、小松树、刺柏等，只有孤零零的一两盆水野栀子有气无力地喘着气。

"喔！这盆花还留着。"鲁迅有些吃惊。

"是啊。因为你路远迢迢从日本带回来，我不知道你是不是还要带到北京去。"周建人把祖父留下的花、父亲留下的草都送了人，唯独留下大哥的水野栀子。大哥在他心里的分量，这水野栀子就能称出来。

上午，家里来了不少人，都是听说鲁迅回来了来看望的。其中有姨表弟郦辛农和姨表姐夫车耕南。郦辛农也爱养花草，鲁迅就把水野栀子送给了他。车耕南对墙上一幅元代书画家赵孟頫的画很感兴趣。那画上是一朵荷花、一片荷叶、一只鹭鸶。周建人不懂画，问他："画得好吗？"他一边啧啧称奇，一边以一种近于无限崇敬的口气说："现在已是无价之宝了。"

越临近上路，家里越是人来人往，几乎到了敞开大门任人随便出入的地步。新台门已不像个家，倒更像个嘈杂的旧货市场。有人对他们感兴趣的旧物件讨价还价，有人干脆乘人不备顺手牵羊，还有人像入无人之境伸手就拿。都是乡里乡亲的，鲁迅他们也懒得管。懒得管的结果是"无价之宝"赵孟頫的那幅画、三兄弟小时候玩过的一把用铜钱编成的宝剑不翼而飞了。

读书人家最多的当然是书。其他东西都可以不要，唯有书。家里的藏书绝大多数都保留了下来，鲁迅坚持要把它们运去北京。怎么运？包装是关键，特别是那些线装书，如果半道上散了线，那就全废了。

一个叫和尚的木工师傅被请了来。五十来岁的他跟周家是老相识。他提议，用运输绍兴酒坛的办法。就是说，先用竹络把书络起来。这样，书就不会散。然后，由他负责做了十二个结实又轻巧的木箱，把书装进去。鲁迅很满意。

"字帖画谱呢，怎么处理？"周建人问鲁迅。

"都没有什么用，卖了吧。"鲁迅很果断。

今天看来，那字帖画谱里也有不少等同于无价之宝的，比如王羲之的《兰亭集序》，还有徐文长、陈老莲、赵之谦、任伯年的书画。但盛世才藏古董，那样的乱世，谁都没有闲情雅致。旧书店来人，把它们一股脑全买走了——不，不能说是买，因为他们只花了区区十块钱。

剩下的杂件，包括爷爷的两大摞桌子那么高的日记本，都烧了。

处理物件是大事，还有一件大事也是一定要做的，那就是迁葬。

鲁迅家的坟地有三处，一处是在浬渚阮港逍遥娄半山坡，那里埋葬着祖父和祖母。另两处是在南门外的小南山头和圭山。鲁迅在祖父坟旁新修了一座墓，将一直放在圭山周氏殡屋放了二十三年的父亲周伯宜的灵柩迁了过去。他还把早逝的妹妹端姑和四弟椿寿迁葬到阮港，让他们陪着祖父和父亲。

正忙得不可开交的时候，章闰水（鲁迅作品《故乡》里的"闰土"）来了。鲁瑞早就告诉过鲁迅，她让建人给闰水写了信，让他来帮忙搬家，也让他跟大家见见面（或许是最后一面），告个别。他接了信，带了儿子启生就来了。

为什么鲁瑞特别提到闰水？为什么鲁迅对和闰水见面怀有特别的期待？

说闰水（闰土），不能不先说说他的父亲章福庆，他是周家的忙月（农忙时雇的短工），鲁迅称他庆叔。

章福庆会做竹工（就是竹编）。在他的老家绍兴乡下杜浦村，他被人尊称"竹作阿福"。他就是在绍兴城东昌坊口做竹工的时候被周家看中聘他做忙月的。在新台门通向百草园的后门口有三间房间，那是庆叔的竹工工场。鲁迅小时候常流连在那里，看庆叔编考篮，然后心灵手巧地在考篮上编出"福"啊"禄"啊的字样。

章福庆还很会晒谷。他晒谷的本领曾经让鲁迅目瞪口呆。只见他把竹簟摊开，把谷子挑到簟上，用一把长柄木铲将谷子从中央推向四周，一铲下去，恰好就能推到簟边。中午，他拉簟的四角，使谷子重又聚回到簟中央，又重新推开，这就让谷子翻了一个身，再晒。

章福庆也会牵砻舂米。他不但会牵砻，而且会锻砻（就是在圆圆的木砻上，用长手指甲似的凿槌打过去，已经磨损的木砻上便又现出新的砻齿来）。小时候的鲁迅最感兴趣的事之一就是看庆叔锻砻。

鲁迅捕鸟的技术就是庆叔传授的。在地下放一些秕谷，上面放一个竹匾，用一根短棒支在竹匾下，人躲得远远的，鸟来觅食，用一根绳子一拉，鸟就被罩住了。

听章福庆讲故事，也是幼年鲁迅的最爱。

章福庆的家在海边，那里的沙地适合种豆类、西瓜和杂粮。每次庆叔从家回来，都要带很多这些土特产。周家人个个吃得高兴。

章家跟周家的关系，不限于章福庆是周家最好的工人。鲁迅出生后不久，母亲鲁瑞乳房上长了一个硬块，不能喂奶，要请奶娘。鲁迅的奶娘就是章福庆的妻子，人称庆太娘。这奶娘性格开朗，每次来周家，一见到鲁瑞，总是乐呵呵地说："太太，我又来哉。"两只手还不停地比画，叽叽喳喳说个不停。鲁瑞一点儿也不烦她，相反，见了她总像是见了至亲。

周福清在杭州坐牢期间，周作人一度去杭州陪侍，身边一直有个工人照顾着，他名叫阮标，是庆太娘的内侄。

周家跟章家这样的关系，鲁迅把庆叔、庆太娘的儿子章闰水看作少年时代最要好的伙伴就不奇怪了。闰水在周家的主要工作是看管祭器。他来的时候十四五岁（比鲁迅大两岁），头戴一顶毡帽，颈上套一个银项圈，见了生人有些害羞，倒不像是从农村来的。

跟闰水一起玩，无论是听他讲海边的故事、介绍海边的各种动物，还是雪天捉鸟、夏天摸鱼，都是鲁迅最开心而难忘的事儿。

很多年不见，鲁迅迫切地盼着再见闰水。

一天午后，很冷，刚吃了午饭的鲁迅正坐着喝热茶，感觉到外面有人进来，他抬头去看。这一看，让他忍不住惶恐起来，连忙站起身来，迎上去。来人正是章闰水。

鲁迅的表现表明他一眼就认出那是闰水。一眼就认出他是闰水并不表明闰水就是他记忆里的那个闰水。闰水苍老了很多，脸上有了很深的皱纹，手掌像松树皮，眼圈是肿着的。尽管如此，那也是闰水。鲁迅有些激动，有些兴奋，却不知该说什么，只唤了一声："闰水哥，你来了。"

闰水的神情有欢喜（又见鲁迅）有凄凉（他丈量出他和鲁迅之间的距离）。他的态度一下子变得恭敬起来，恭敬地唤了一声："老爷！"

一个寒战。本来天就冷，鲁迅更被这一声"老爷"惊得打了一个大寒战。

闰水牵过身后的一个孩子："启生，给老爷磕头。"这个孩子怯生生的。他的头上没有戴小毡帽，颈上没有挂银项圈，但鲁迅却还是从他的身上看见了二十五年前的那个叫闰水的少年。

沧桑岁月磨蚀的不仅是闰水的容貌，也在他们之间筑起了一道隔墙。

小时候的亲密玩伴，什么时候开始变成了疏远的老爷和下人？

饥荒的折磨、苛捐杂税的重负、兵匪官绅的欺压——农民的悲苦是这样炼成的。四十一岁的闰水有四子一女五个孩子，多子非多福，反而压弯了他的脊背。

鲁迅陡然明白了母亲特地写信让闰水来的真实目的，不只是来帮忙搬家，不只是来见面告别，还是最后一次给他帮助。鲁瑞私下里对鲁迅说，家里搬不走的东西，都给闰水吧。这个"吧"字还没说完，鲁迅就连连点头：好哉好哉。鲁瑞想想似乎又觉得不妥，又说：还是让他自己去挑去拣，要什么拿什么。鲁迅继续点头：好哉好哉。

被严苛生活折磨得失了生气的闰水像个木偶人，木偶的语言，木偶的神情，木偶的行为，但内心深处却还没有丧失生活本能。他挑拣了对他们家过日子很有用的两条长桌子、四把椅子、一杆抬秤、一副香炉和烛台，还有，就是草灰（稻草做燃料烧成的灰）——海边的沙地最需要草灰这样的肥料。那里的农民隔三岔五进城跟人换草灰。闰水不用换，周家的草灰都白给他。每次来取草灰，闰水都会带来八只西瓜。说是白拿，其实他也是换，用八只西瓜。可以不要这，可以不要那，但草灰，闰水是一定要的。

看他拿的东西不多，周建人大方地对他说："你还要什么东西，尽管去拿。"

闰水犹豫了半天，这才小声说："我还要你们家的一管板枪，好用它来戳戳西瓜田里的獾猪。"

周建人满口答应，连忙去拿了那管板枪，给了他，再问他："还要什么吗？"

123

闰水一脸的不好意思，说："不要了，不要了。"

只在周家待了一天，第二天，闰水就带着儿子启生回去了——他忙，他这个农民或许比教育部官员的鲁迅还忙，因为家里田里的活儿是干不完的。

闰水走了。他所代表的底层农民形象印在了鲁迅的心底。

十二月二十二日，鲁迅和周建人一起去阮港给爷爷、奶奶、爸爸、弟弟、妹妹上了最后一次坟，跟他们道别。

十二月二十三日，鲁迅作为兴房的长子，在新台门卖房契约上签字画押。

十二月二十四日，是起程出发的日子。早晨，闰水又来了，他来送行。这次，他没有带儿子启生，而是带了一个女儿。五岁的女儿负责看管船只。帮忙的人何止闰水，还有很多人。

傍晚，人和物都上了船。这里的"人"，是母亲鲁瑞、鲁迅、朱安夫妻，周建人、羽太芳子夫妻和他们两岁的女儿周鞠子、褓褓中的儿子周丰二，还有周家的工人王鹤照。在鲁迅这天的日记里，却只有这样一句话："奉母偕三弟及眷属携行李发绍兴。"

124

挥手，猛挥手。道珍重，说再见。

船开了。一家人默默地看着黄昏中变成深黛色的青山一点点地远去，那老屋那故乡，也一点点地远去。鲁迅却不感到留恋。

从那以后，鲁迅再也没有回过故乡，不是没有回的机会，只是他对故乡丝毫不留恋不怀念，但他日后还是写了一篇《故乡》。

谜一般的兄弟失和

周家兄弟在北京教育界、文化界地位渐高，八道湾十一号的周家一度成了文化名流们交际的场所，人来人往，很是热闹。出入过那里的有蔡元培、陈独秀及《新青年》的一班同人，胡适也来过。他评价周氏兄弟"最可爱"。还有北大教授张凤举，以及当时还是清华大学学生的梁实秋。

梁实秋对八道湾的回忆最生动："八道湾在西城，是名副其实的一条弯曲的小巷。进门去，一个冷冷落落的院子，多半个院子积存着雨水，我想这就是'苦雨斋'命名的由来了。"苦雨斋，是周作人为八道湾起的斋名。

大概是地势低，八道湾周作人、周建人住的后院的确经常遇雨就积水，特别是夏天，雨水多，那积洼里的水可以让蝌蚪、青蛙、小鱼、小鸭安家。

有一年，八道湾来了一个外国客人——（俄国）盲人诗人和世界语学者爱罗先珂。他是应邀到北大讲授世界语的。因失明，生活多少有些不便。校长蔡元培便把他交给周家兄弟，让他们照顾。八道湾第三进最靠东边的一间房，腾出来让给了爱罗先珂。

这位爱先生买来一把小蝌蚪，养在院子里的一只小池里，那池原来是用来种荷花的，一朵荷花也没养成，倒把蝌蚪们养得肥壮。周家的孩子们多了种游戏，那就是看蝌蚪们如何游泳，如何一只脚一只脚地生出来。生命成长的过程，让他们欢喜不已。

周作人夫人羽太信子听爱先生的劝，养了很多小鸡，小鸡满院子乱跑。因为这些小鸡，爱罗先珂写了一篇童话，叫《小鸡的悲剧》。这可是他在北京逗留期间写的唯一一篇童话。

有乡下人来收购周家的小鸡，顺便带来一些小鸭子。听小鸭叽叽叽地欢叫，爱罗先珂很喜欢，买了四只。大人小孩儿都来看黄毛茸茸的小鸭子扭屁股，觉得很有趣。爱罗先珂把小鸭交给信子代管，就和鲁迅、周作人一同上班去了。

信子到厨房去拿冷饭准备给小鸭喂食。聪明的四只小鸭不用人带路，一路欢跳着奔向那养着小蝌蚪的荷花池，然后一个个漂亮的高台跳水俯冲入池。待信子端了冷饭出来，那鸭儿们已经洗了澡，翻了筋斗，吃了东西。吃东西？吃什么东西？小蝌蚪。信子大惊，赶忙丢了冷饭，把它们一个个赶上岸，回头看池，那水浑浊不堪，已经长了脚的小蝌蚪一只不剩。

晚上，爱罗先珂刚进门，孩子们争功似的扑上去，大声报告："爱罗先珂先生，没有了，蛤蟆的儿子。"

"唔，蛤蟆？"爱先生一时没弄明白。

信子出来，完整地叙述了一个小鸭吃蝌蚪的故事。

唉，唉。爱先生不住地叹气，可怜了那一窝小蝌蚪了，还没成蛤蟆就莫名成了小鸭的盘中餐了。

小鸭褪毛的时候，爱罗先珂回国了。夏天，雨季来了，四处蛙鸣，小鸭子也长大了，不再叽叽叽，而是嘎嘎嘎地叫了。荷花池太小了，盛不下它们了。后院的低洼处积满了雨水，成了小水塘。小鸭们搬家去了那里，游泳，翻筋斗，也跟青蛙、蛤蟆抢地盘。

站在"水"边听蛙鸣看小鸭的鲁迅对周作人说，若爱先生还在这儿，不会觉得寂寞了吧。周作人说，是啊是啊。鲁迅又说，真想写点儿什么，可又不知写什么好。周作人说，就写蝌蚪，写小鸭。

鲁迅真的写了，起名《鸭的喜剧》。他本意想以此记录下爱罗先珂在北京在周家的一段生活，却无意之中保存了一段周家大家庭温馨又浪漫的美好日子。

美好的东西往往是短暂的，就像划天而过的流星。

一九二三年七月十四日，鲁迅的日记这样记道："是夜始改在自室吃饭，自具一肴，此可记也。"也就是说，这天晚上，鲁迅没有像往常那样跟家人一起，而是独自一人在自己的房里吃的晚饭。原因，他在日记里什么也没说，其他人不明就里，也都什么没说。

五天以后，七月十九日，上午，周作人急匆匆从后院而来，来到正在前院的鲁迅身边，神情严肃，一句话也不说，只掏出一封信递过去，转身又回后院去了。鲁迅展开信，一看笔迹就知道那是二弟亲笔所写。信是这么写的：

"鲁迅先生：我昨日才知道，——但过去的事不必再说了。我不是基督徒，却幸而尚能担受得起，也不想责谁，——大家都是可怜的人间。我以前的蔷薇的梦原来都是虚幻，现在所见的或者才是真的人生。我想订正我的思想，重新入新的生活。以后请不要再到后边院子里来，没有别的话。愿你安心，自重。七月十八日，作人。"

很震惊！大哥已不是大哥，而成了"鲁迅先生"。一句"鲁迅先生"，无遮无拦淋漓尽致地暴露了周作人的态度：绝交！我们不再是兄弟。

为什么？因为他"昨日才知道"了"过去的事"。这事儿很严重，很重大，严重到摧毁了他以前"蔷薇的梦"，重大到使他认清了什么才是"真的人生"，以至于他要订正思想，重新来过。反过来说，在这事儿之前，他的思想是错的，他的生活是虚度的。

那么，这"过去的事"究竟是什么？鲁迅似乎也不知道。但是，他却没有直接去问周作人，而是托家里的工人齐坤带话给周作人，让他出来谈。齐坤随即带回了周作人的口信：不谈。

这就是那对著文互相署名，宣称挣钱大家花、不分彼此永不分家的亲密兄弟吗？出了事情，弟弟连给哥哥解释的机会都不肯，而哥哥，也赌气地不再想方设法找弟弟说清楚。从此我不理你，你不睬我。虽然仍然同在一个屋檐下，却从此低头不见抬头也不见了。

那封绝交信后一个星期，鲁迅决定搬家，离开他当初亲手买下来的八道湾，离开他试图打造的理想化的周家新新台门。七月二十六日，许钦文和许羡苏兄妹俩介绍他到砖塔胡同看房。他去了，看了，定了。那房是许羡苏同学俞芬一家借住的，还有空房。鲁迅急着搬出去，也没更多的讲究，马上就开始收拾整理东西。八月二日，他就搬走了。

临走，鲁迅撂下一句话："凡归我负责任的人，全随我走。"谁归他负责任？首先是朱安，她是他的妻子，他对她有责任；其次是母亲鲁瑞。他当仁不让地把赡养老母作为他这个长子责无旁贷的义务。

事实上，开始的时候，鲁迅无意一并带走母亲和老婆。他走得太急。既然如此，那就一定不会作很周详的计划。他甚至来不及像几年前寻找八道湾房子那样一处处地看。他忽然怀念起八道湾之前的绍兴会馆，他一个人生活的那段时光，寂寞、孤独，却也安详、宁静；虽然没有热闹、温馨，却也没有纷争、反目。他醒悟，原来他是适合一个人生活的。

鲁迅对母亲说：砖塔胡同的房子太小，住不下，你还是先在八道湾住着，他们总不会不给你饭吃，等我安顿好了，再另外找合适的房子，然后来接你。"他们"当然指的是周作人夫妇。

对于朱安，鲁迅给了她两个选择：要么仍住在八道湾，继续陪侍鲁瑞婆婆；要么回绍兴娘家去，独自一人。他补充一句，如果你回绍兴，我会每个月给你寄钱，你的生活不会有问题。

许是个人命运系于一线的严峻，平常口欲言而嗫嚅的朱安变得口齿伶俐起来。她也没有呼天抢地，没有声泪俱下，没有哀声乞求，而只郑重提出：反正你搬到砖塔胡同去也需要有人为你烧饭、缝衣、洗衣、扫地的，这些事我都可以做。我想和你一起搬出去。

离开八道湾那天，鲁迅在日记本上记下："雨，午后霁。下午携妇迁居砖塔胡同六十一号。"

同一天，周作人也在日记本上记下周家发生的大事："下午 L 夫妇移住砖塔胡同。" L，是什么？"鲁迅"拼音字母开头。他不再称"大哥""鲁迅先生"，甚至连"鲁迅"都不愿提及，只一个"L"指代。最可亲可敬的大哥，如今在他的心目中变成了一个冰冷的符号。

一阵忙乱之后，生活又暂时归于平静。原本发誓不分家的兄弟三人，被生活作弄而分居三地（周建人此时在上海）。可怜老母亲鲁瑞常常八道湾、砖塔胡同两头跑。白天，她到砖塔胡同看大儿子；晚上，她回八道湾看二儿子。有时夜太深，朱安留婆婆住下，婆媳俩就挤睡在一张床上。

砖塔胡同只能短暂逗留，不是长久之地。鲁迅又像当初找八道湾房子那样四处找房子，看了十几处后，终于在十月三十日看中并购下阜成门内三条胡同二十一号（简称西三条胡同），房价八百元。十一月，办理过户手续；十二月，立契；次年一月，翻建；五月二十五日，迁入。

西三条胡同是北京最古老的胡同之一，二十一号是一座独门小院，原有六间房。鲁迅翻建时，改成北屋三间（以北又接出两间小房，被称为"老虎尾巴"）、南屋三间、东西各两间，形成一个标准又精致的小四合院。

这里当然没有八道湾宽阔，但住的人少，只有鲁迅、鲁瑞、朱安三个人，又没有孩子需要运动游戏的场地，够住而且还富裕。北屋的三间，是住屋，东边的一间鲁瑞住（少有人知道，这间卧室以北原来也有一个

"老虎尾巴"，后来拆了），西边的一间朱安住，正房后面的"老虎尾巴"是鲁迅的卧室兼书房。南屋，是藏书室；东、西屋，分别是工人房和厨房。

房子买好也装修好了，人也搬进去住了，鲁迅尚留在八道湾的书可以拿回来了。他想，我回八道湾取我自己的东西，又不是去谈，去理论，去打架，不应该有问题吧。偏偏出了大问题。

一九二四年六月十一日——这日距周作人宣布绝交、鲁迅匆匆搬离八道湾已过去了十一个月。都说时间是治愈伤口的最佳良药，是平复怨恨稀释矛盾的最好制剂，却似乎对周作人夫妇不适用。他们在这十一个月的时间里，越想越生鲁迅的气，像一个雪球越滚越大，大得不可收拾。

那天下午，发生了什么事儿？鲁迅的日记这样记道："下午往八道湾宅取书及什器，比进西厢，启孟及其妻突出骂詈殴打，又以电话招重久及张凤举、徐耀辰来，其妻向之述我罪状，多秽语，凡捏造未圆处，则启孟救正之，然终取书、器而出。"

周作人的日记则这样记道："下午L来闹。"

当时，正借住在八道湾的绍兴老乡也是兄弟两个的朋友章廷谦（章川岛），作为唯一的现场目击者，说："鲁迅先生来了……过了一会儿，从里院传出一声周作人的骂声来，我便走到里院西厢房去。屋内西北墙角的三脚架上，原放着一个尺把高的狮形铜香炉，周作人正拿起来要砸去，我把它抢下了，劝周作人回到后院的住房后，我也回到外院自己的住所来，听得信子正在打电话，是打给张、徐二位的……"（章川岛《弟与兄》）

结果是，鲁迅取物计划中途夭折。第二天，许寿裳问他，是不是把书全都拿出来了？他答：未必。许寿裳最关心送给他的《越缦堂日记》有没有拿出来。他答：不，被没收了。

若非刻骨的仇恨，何足以如此出言不逊大打出手？这对至亲兄弟，究竟为了什么？鲁迅不说，周作人不辩。于是，外界说法多多：

有人说，鲁迅对周作人的妻子羽太信子有意见，原因是他看不惯信子讲排场、乱花钱，弄得家里常常入不敷出，不得不向人借钱。他对信子提出批评，信子被批评了，不高兴。自己老婆被指责，周作人也不高兴，对大哥心生不满。两人从此失和。

有人说，信子一直想独霸八道湾，她先赶走了小叔

135

周建人，然后施计也把鲁迅赶走。她的"计"，使兄弟两人从此失和。

有人说，羽太信子指责鲁迅在他们夫妻的卧室窗下听窗。周作人知道后，大怒。两人从此失和。

有人说，鲁迅偷窥信子洗澡，被信子发现了。信子告诉了周作人。周作人大光其火。两人从此失和。

有人说，有一阵子，周作人在西山养病。一天，鲁迅代周作人拿到一笔稿费，急忙给信子送去，被信子说成他要非礼她。后来，周作人知道了，不气信子胡说，反信大哥真的欲行不轨。从此两人失和。

可以发现，矛盾的焦点集中在一个人的身上，羽太信子；集中在两个方面：经济、不敬。事实上，在兄弟俩矛盾激化前，鲁迅和信子的确已经不和。鲁迅自己没孩子，一直很疼爱侄儿们。他被信子讨厌后，连跟侄儿游戏的资格也被剥夺了。信子明确向孩子们宣布，以后不准跟大爹玩，让他这个孤老头儿冷清死；也不准再吃他买的零食，让他自个儿吃去。

先说经济问题。一个吃喝穿戴柴米油盐的家，上有老下有小，中国人日本人联姻，成员中有人挣钱，有人不挣钱，有人挣得多花得少，有人挣得少花得多，彼此生活习惯不同，生活方式相异而发生矛盾产生经济问题并不奇怪。信子当家，不像鲁瑞当家那么节俭，可能。鲁迅有怨言，对信子提出过批评，也可能。信子因此对鲁迅有所不满，心存怨怼，更可能。时间一长，便就积了怨，当然可能。

即便鲁迅和信子因家庭经济发生矛盾，也不至于闹到兄弟几乎大打出手反目成仇的地步。外人的猜测，都不足以全盘采信，唯有当事人自己的如实陈述，才能作为铁证。但是，他们都不肯说。显然不可能只是经济问题。为钱吵架相殴，虽然有伤清高的知识分子的面子，但不会羞耻屈辱到难以启齿。于是，便有人更倾向"不敬"或"调戏"的传说。

周作人在交出绝交信的前一天，也就是十七日，他其实就已经知道了"那事"，所以他才会在绝交信里写"我昨日才知道"。天天记日记的他，在当天的日记里记了十来个字。这"十来个字"应该是他从妻子嘴里听到的描述。但是，他后来用剪刀把它们剪掉了。是什么如此见不得人？他想掩盖的是他的耻辱，还是家庭的不堪？

都不说，造成了兄弟失和成了一桩无头公案。

太郁闷！鲁迅病了，而且是大病，肺病。他不跟母亲说，怕她担心。当然，朱安不可能不知道，她照顾他。病中，他休息不得。天已经冷了，为了取暖，他自己砸煤球，不慎砸到了手，伤了拇指。看房，买房，又很紧要。他拖着病体忙东忙西，想想当年看买八道湾房时因为对大家庭的憧憬而欢愉的心情，看看今时今日的孤寂和凄凉，大有愁云惨淡万里凝的味道。

"打架"过去后三个月，一切似乎都平静了下来。鲁迅又可以专心做学问了。他辑成一本《俟堂专文杂集》，还写了一篇题记。题记不过一百多字，却有一段话，很有意味："迁徙以后，忽遭寇劫，孑身逭遁，止携大同十一年者一枚出，余悉委盗窟中。"

乍一看，读者或许真以为鲁迅的砖塔胡同来了小偷了。其实他说的还是与周作人夫妇那天的冲突。有两个词引人注目："寇劫"和"盗窟"。他把曾经那么亲爱的弟弟比作"寇""盗"；把他亲手打造的八道湾比作"窟"，而且是"盗窟"。

题记的署名更有意味，叫"宴之敖者"。什么意思呢？宴这个字由宀、日、女组成，也就是"家里的日本女人"；敖，出也。宴之敖者，就是"被家里的日本女人赶出来的人"。他似乎在暗示他是被羽太信子赶出来的。

又一年的三月，鲁迅发表了一篇杂文《牺牲谟》。里面有这样几句话："你什么都牺牲了？可敬可敬！我最佩服的就是什么都牺牲，为同胞，为国家。我向来一心要做的也就是这件事。"他在暗示什么？暗示他为周家，为弟弟，什么都牺牲了？文章也对那些专门希望别人牺牲的自私自利者进行了嘲讽。这又在暗示什么？暗示周作人很自私？

三个月以后，鲁迅在《语丝》杂志上发表了一篇文章《颓败线的颤动》。作品的主人公是一个卖淫女，她年轻时靠卖淫艰难抚育女儿。女儿长大成人后，厌弃年老色衰体又弱的母亲，还嫌她丢人，意图赶她出门。她自觉在家里已待不下去，不等家人赶，很自尊地独自离家，把一切冷骂和毒笑遗弃在身后。是否从这被利用完之后被赶出家门的女人身上可以看到鲁迅的影子呢？如果这种说法可以肯定的话，那么，也可以说，他把他当时的心情附着在了那女人的身上，淋漓地表现了出来。

时间在继续，遗忘的颜色一点儿也没有黯淡。

一九二五年十一月，鲁迅又写了一篇小说。这次，不再隐晦而躲躲闪闪，他直接用《弟兄》做小说名。他没有用"兄弟"，而是用"弟兄"，这很能说明问题。其实，小说的主人公是"兄"。他却在题目里把"弟"放在了前面。这是否意味着，在他的心里，即便被弟抛弃，弟终归还是弟？

小说写了兄弟两人。兄，名沛君，是个小公务员，有三个孩子（这跟现实中的兄不一样）；弟，名靖甫，有两个孩子（这跟现实中的弟不太一样）。兄弟俩同住在同兴公寓（这相当于现实中的八道湾）。

沛君兄很爱护靖甫弟，这在机关里是出了名的。沛君曾在同事面前自豪地说："我们就是不计较，彼此都一样。我们就将钱财两字不放在心上。这么一来，什么事也没有了。有谁家闹着要分的，我总是将我们的情形告诉他，劝他们不要计较。"有同事当面称赞："像你们的弟兄，实在是少有的，我没有遇见过。你们简直是谁也没有一点自私自利的心思，这就不容易。"（这跟兄弟失和前的现实很像。）

故事往下说。沛君听说猩红热正流行，不禁慌了起来。因为靖甫正发高烧，躺在家里呢。他不放心，一边打电话请医生，一边请了假赶回家。中医诊断，靖甫得了"红斑痧"（西医叫"猩红热"）。沛君那个急啊。

现实是这样的：大约在一九一七年的时候。那时，兄弟俩同住在绍兴会馆。有一天，周作人忽然发高烧。当时，北京正流行猩红热，鲁迅所在的教育部的一位同事因此病死。鲁迅非常非常担心周作人也被传染上了，急忙请来医生。诊断，非猩红热，不过是出疹子而已。第二天，他难抑兴奋地对许寿裳感叹：启孟原来这么大了，竟还没有出过疹子。那口气，不像是兄对弟，倒更像是父对子。

故事里的沛君不甘心，又去请西医。在等待的过程中，他看着靖甫烧得通红的脸，思绪纷乱起来，想象着靖甫的确得了不可救药的猩红热，很快不久于人世。这时，他突然烦躁起来，脑子里涌现的念头竟然是"家计怎么支持呢，靠自己一个？虽然住在小城里，可是百物也昂贵起来了……自己的三个孩子，他的两个，养活尚且难，还能进学校去读书么？只给一两个读书呢，那自然是自己的康儿最聪明，——然而大家一定要批评，说是薄待了兄弟的孩子……"

鲁迅作品的老辣，很大程度在于他揭示人性淋漓、剖析人性透彻。沛君是爱弟弟的，但这份"爱"并没有完全稀释掉他人性中的自私。弟弟可能的死，激活了他心底深处的劣根性。他担心的不是失去至亲而难以承受悲伤，而是斤斤计较于家计、物价、养活弟弟的孩子、负担弟弟孩子的上学。本能地，他把倾向给予了自己的儿子康儿。

现实又是这样的：在周作人病好后，鲁迅有一天对他说，那时他真的是急坏了，"心里起了一种恶念，想这回须要收养你的家小了"。表面上看，这是玩笑，这是自嘲，但又何尝不是他心底深处的一种真实呢？

鲁迅借沛君想暗示什么呢？他也有自私的念头，也有计较的时候？在家庭经济问题上，他和弟媳产生矛盾，或许不完全是信子的大手大脚，也有他斤斤计较的成分？在他对信子的指责中，是否也包含觉得自己挣钱多感到吃亏的原因呢？

故事接着说。西医来了，确诊，非猩红热，只是出疹子而已。沛君松了一口气，晚上却做了一个噩梦：靖甫死了。他把自己的三个孩子送去了学校。弟弟的两个孩子哭嚷着也要去上学。他被"缠得发烦"，"看见自己的手掌比平常大了三四倍，铁铸似的，向荷生的脸上一掌批过去……"

荷生是靖甫的孩子。周作人曾经用过"鹤生"的笔名，是鲁迅起的。

这幅虐待死了的弟弟的孩子的画面刺激得沛君心惊肉跳。第二天他去上班，同事问他弟弟的病况，一如既往地夸他们"兄弟怡怡"。在他听来，好像是讽刺。他对弟弟，真的发自肺腑地"怡怡"吗？他自问。

自我解剖的勇气，无人能与鲁迅比拟。

在《弟兄》之前，鲁迅还有一篇寓意深远的影射兄弟情深的小说，那就是著名的《伤逝》。它写在《弟兄》前两个星期。而他之所以选择用《伤逝》作为小说题目，跟他已经绝交的弟弟周作人有关。不夸张地说，他用文人特有的轻松驾驭文字的能力，向周作人回递了一份痛惜的信息。

之所以说"回递"，是因为率先传递过来一种情绪的是周作人。他在《京报副刊》上用笔名"丙丁"发表了一篇译作，题目叫《伤逝》。这是罗马诗人"喀都路死"的一首诗，其中有几段大有意义：

"兄弟呵，我来到你的墓前，／献给你一些祭品，／作最后的供献，／对你沉默的灰土，／作徒然的话别。"

"兄弟，你收了这些东西吧，／都沁透了我的眼泪，/从此永隔冥明，兄弟，/只嘱咐你一声珍重！"

这是不是可以理解为周作人在向尚存人世的兄弟作最后的告别？他发了誓，他铁了心，此生老死不相往来，绝交至死！这是怎样的一种情绪啊！险恶的江湖尚有"相逢一笑泯恩仇"，兄弟间怎会有解不开的结？一句"只嘱咐你一声珍重"透露的是周作人情意犹存地对往日兄弟情的追念，还是恨意难消的诅咒？

《京报副刊》的主编是孙伏园，鲁迅的学生。这份报纸，鲁迅常看，可以说是他的枕边报。周作人的《伤逝》，他看到了。或者说，周作人把它投寄这家报纸，目的就是要让鲁迅看到。

短短的九天以后，鲁迅也以《伤逝》为题写了一篇小说。

小说表面上看，写的是一对青年男女涓生和子君的爱情故事——有人一口咬定它只是塑造了两个被五四新思潮影响的新青年典型而已，并不影射其他。事实上，就它也取名《伤逝》，就它于周作人《伤逝》之后几天问世，就它描述的故事场景，就两个主人公因经济压力而不得不分手的内容，可以推断，它不可能只是一篇普通的小说，更可能是用此《伤逝》回应彼《伤逝》。

小说开头第一句话：

"如果我能够，我要写下我的悔恨和悲哀，为子君，为自己。"

鲁迅借涓生之口，毫不掩饰地说出他在兄弟失和后的感受，悔恨而悲哀。他也无所顾忌地向作人弟回递了一种情绪，悔恨而悲哀。

他的悲哀，可以理解；他的恨，也在情理之中。那么，他的悔呢？他悔什么？悔他为大家庭为弟弟们付出太多？悔他自以为是要长兄代父地尽责？悔他不该对当家的弟媳信子过于挑剔？悔他对家庭经济问题太斤斤计较？悔他在出事以后没有解释沟通而是选择负气出走？

小说一开头，一种沉重、阴郁、悲凉的基调就弥漫开来。

接着是环境描写："会馆里的被遗忘在偏僻里的破屋是这样地寂静和空虚……我重来时，偏偏空着的又只有这一间屋。依然是这样的破窗，这样的窗外的半枯的槐树和老紫藤，这样的窗前的方桌，这样的败壁，这样的靠壁的板床……创立了满怀希望的小小的家庭。"——这分明就是绍兴会馆里的补树书屋——兄弟俩曾经的小小的家庭。

笼罩着凄切气氛的小说里，很容易找到这样的句子：

"子君却决不再来了，而且永远，永远地！"

"使我希望，欢欣，爱，生活的，却全都逝去了，只有一个虚空，我用真实去换来的虚空存在。"

"我也将寻觅子君，当面说出我的悔恨和悲哀，祈求她的饶恕"。

"我将在孽风和毒焰中拥抱子君，乞她宽恕，或者使她快意。"

"我要遗忘；我为自己，并且要不再想到这用了遗忘给子君送葬。"

小说的最后一段，更有意味：

"我要向着新的生路跨进第一步去，我要将真实深深地藏在心的创伤中，默默地前行，用遗忘和说谎做我的前导……"

看了鲁迅的《伤逝》，周作人也感痛惜，可是他说："有什么办法呢，人总只有人的力量。"

都悔恨，都悲哀，都痛惜，却都赌气任性而不努力修补裂痕让破镜重圆，是被仇恨迷了眼，还是知识分子特有的固执不懂得融通所致？

像小孩子吵架打架，吵了打了之后，彼此不说话，不理又不睬。鲁迅、周作人就是如此。又不像小孩子吵架打架，小孩子彼此不说话、不理又不睬的时间一定很短暂。鲁迅、周作人却不是。他们都比大理石还坚硬的脾气，使他们彼此不说话、不理又不睬得完全又彻底。

令兄弟俩尴尬的是，就他们在社会上的身份，在文坛上的地位，在家庭中的关系，要想绝对摆脱联系，并非易事；要想绝口不提对方的名字，也做不到。很多时候，你称一声"鲁迅"、我叫一声"启孟"还是免不了的——当然，不是当面，或通过他人转述，或用文字的方式。真所谓直接关系可以斩断，而间接关系却无法割舍。

因为思想一致，这一对不见面不说话的兄弟常常共同对付"外敌"。比如，孙中山去世后，有人对他进行污蔑。"二周"枪口一致对外：周作人写《孙中山先生》，说孙先生虽然有缺点，但并不有碍他伟大；鲁迅写《战士与苍蝇》，说孙先生是有缺点的战士，污蔑他的人则是专叮战士伤口的苍蝇，等等。

这很能说明一个问题，那就是，兄弟俩的失和，无关政治信仰、思想观念、道德追求，只是单纯的家务纠纷。这又很能说明另一个问题，那就是，看似无足轻重的家庭成员关系、鸡毛蒜皮的家务琐事，也能造成无可弥补的伤害，也能摧毁一个人对人性中残存的美的向往和追求。

《呐喊》与《语丝》

一方面，鲁迅与周作人兄弟失和，原本和睦的大家庭分崩离析，这给了鲁迅很大的打击；另一方面，他的创作之路走到了一个高峰，这多少抑制了家庭变故给他带来的悲戚——"失和"后不久，即一九二三年八月，他的第一个短篇小说集《呐喊》由北京新潮社出版。

说到《呐喊》的来由，鲁迅在《〈呐喊〉自序》中这样说："我在年轻时候也曾经做过许多梦，后来大半忘却了，但自己也并不以为可惜。所谓回忆者，虽说可以使人欢欣，有时也不免使人寂寞，使精神的丝缕还牵着已逝的寂寞的时光，又有什么意味呢，而我偏苦于不能全忘却，这不能全忘的一部分，到现在便成了《呐喊》的来由。"

他所说的"不能全忘的一部分"，有在四年的时间里常常出入当铺和药铺而切身体会到"从小康人家而坠入困顿"的悲凉，有"想走异路"而远走他乡求学的无奈，有因为了解到日本维新大半发端于西方医学而选择医学，却又以为第一要著是改变愚昧的同胞的精神而弃医从文的转变，还有回国后蛰居北京绍兴会馆抄碑的无聊。然后，在钱玄同的鼓励下，他以一篇《狂人日记》示人，一鸣惊人。

将小说集取名《呐喊》，鲁迅自有其深意，他在《自序》中这样解释："在我自己，本以为现在是已经并非一个切迫而不能已于言的人了，但或者也还未能忘怀于当日自己的寂寞的悲哀罢，所以有时候仍不免呐喊几声，聊以慰藉那在寂寞里奔驰的猛士，使他不惮于前驱。至于我的喊声是勇猛或是悲哀，是可憎或是可笑，那倒是不暇顾及的"。

《呐喊》第一版收录了鲁迅之前完成的十五篇短篇小说，除了广为熟知的《狂人日记》《孔乙己》《阿Q正传》《药》《故乡》《一件小事》《鸭的喜剧》外，还有《明天》（写的是单四嫂子因迷信而失去孩子的故事，批判了封建迷信思想）、《头发的故事》（揭示的是革命后的社会变化似乎只是剪了辫子而已，而没有触及根本，反映了封建思想仍然根深蒂固）、《风波》（写的是江南某水乡在一九一七年张勋复辟事件中的一场关于辫子的风波，揭示了中国人安于现状的麻木劣根性）、《端午节》（以轻松幽默的笔调刻画并讽刺了以主人公方玄绰为代表的表面上追求先进文明、骨子里却死守传统的虚伪知识分子形象）、《白光》（写的是陈士成考科举屡考屡败的故事，反映了封建科举制度的毒害性）、《兔和猫》（通过小兔子的弱小和大黑猫的凶恶，表达了同情弱势蔑视强权的爱憎之情）、《社戏》（取材于童年美好生活）和《不周山》（是一篇以女娲补天的神话故事改编的小说。《呐喊》第二版时，鲁迅将此篇撤掉。之后的《呐喊》共收录小说十四篇）。

看得出来，《呐喊》中选取的小说，除了《社戏》外，大多数以揭露封建落后思想、反映民族劣根性为主，因此，它的最大价值在于启蒙了仍在沉睡中麻木的国民，一定程度上唤醒了其中的先进知识分子。这也就难怪茅盾在《呐喊》出版后不到一个月，就写了评论文章《读〈呐喊〉》，赞扬鲁迅在艺术上的探索和创新："在中国新文坛上，鲁迅君常常是创造'新形式'的先锋；《呐喊》里的十多篇小说几乎一篇有一篇新形式，而这些新形式又莫不给青年作者以极大的影响。"

鲁迅自己在《呐喊》二版时谈到他的这些作品的时候，这样说："我的作品在《新青年》上，步调是和大家大概一致的，所以我想，这些确可以算作那时的'革命文学'……这些也可以说，是'遵命文学'。不过我所遵奉的，是那时革命的前驱者的命令，也就是我自己所愿意遵奉的命令"。而从启蒙思想上说，这些作品的意义在于"将旧社会的病根暴露出来，催人留心，设法加以疗治"（鲁迅《〈自选集〉自序》）。因此可以说，鲁迅是较早的以文学反映现实、引领反思的作家之一。

《呐喊》的轰动使鲁迅的形象在广大青年心目中高大起来，他成了他们崇拜的偶像，而鲁迅对青年向来爱护关心，无论是学业上、事业上，还是生活上。比如，为了提携文学青年许钦文，鲁迅特别为新写的小说《幸福的家庭》加了一个副标题："拟许钦文"，还写了一段"附记"，坦言起意这篇小说是受了许钦文《理想的伴侣》的影响，而且还借鉴了许钦文的写作技法。因为他的名气，人们一下子就认识了初出茅庐的文学青年许钦文。

还有女作家白薇，她的许多作品都发表在鲁迅参与创办的《语丝》《奔流》上。因为不惧阻力而在《语丝》上刊登白薇的《革命神的受难》，鲁迅还受到了当局的警告。白薇因此对鲁迅怀有深深的敬意，但她向来怕见人，所以写好的稿子多半是托朋友捎去，即使亲自去送稿，也总是把稿子一塞给许广平就"风驰捷走"了。鲁迅因此跟人笑谈时说："白薇怕我把她吃了。"

终于有一天，白薇鼓足勇气去见鲁迅，刚走到楼梯口，踌躇着又想跑，没想到鲁迅听见动静，已站在楼梯尽头温和地唤她了："白薇请上来呀，上来。"白薇进了书房，微低着头不敢正视。须臾，只觉阵阵柔风吹来，抬头一看，竟是鲁迅在给她扇着蒲扇。从此，白薇经常向鲁迅讨教，把他视作自己的长辈，甚至在生活中遇到拿不定主意的事，比如，生病了是否要开刀，也去问鲁迅。鲁迅风趣地对她说："我想你还是开刀好，反正病到那样，不开刀也是痛苦，始终不会长命的。不如一刀两断割了它。要是你怕割了以后没有情感写文章，那你就坐在纱厂去摇纱好了，今年摇纱，明年摇纱，一辈子也摇纱，做个彻底的工人。"一席话瞬间减轻了白薇对开刀的恐惧。

对白薇是这样，鲁迅对女作家萧红也莫不如此。萧红随萧军由哈尔滨到上海后，因为萧军之前与鲁迅已有书信往来，萧红很自然地也成了鲁迅家的常客。鲁迅不仅在文学上热心扶植萧红，在生活上也给予从未得到父爱的萧红以极大的关心。萧红在鲁迅身上，找到了一个女儿对父亲所需要的一切。

成为青年导师的鲁迅被青年们敬仰着，有时也不可避免地被青年骚扰。一九二四年十一月的一天，一个年轻人敲开了鲁迅家的大门，他自称叫"杨树达"，是鲁迅就职的北京师范大学的学生。跟以往登门拜访的青年学生不同，"杨树达"不仅不够礼貌，而且语无伦次，甚至直接开口向鲁迅借钱。鲁迅猜测这个跟北师大国文系主任同名同姓的人在装疯卖傻，便拒绝了他的要求。"杨树达"不甘心，纠缠了一个小时，鲁迅好不容易才把他打发走。当晚，气愤难耐的他写了一篇《记"杨树达"君的袭来》，用很严厉的口吻斥责了这个叫"杨树达"的年轻人。

之后，鲁迅了解到，北师大的确有一个这样的人，他叫杨鄂生，一直很崇拜鲁迅。不久前，他不堪经济压力而精神失常。鲁迅一下子明白了，他的"疯"不是装的而是病，他自知错怪了杨鄂生。因为前文已交由《语丝》发表，他来不及撤稿，便立即又赶写了一篇《关于杨君袭来事件的辩正》，再交《语丝》发表。看到这两篇文章的杨鄂生的朋友李遇安给鲁迅写了一封信，详细告知杨鄂生的不幸遭遇。这让鲁迅更加懊恼自己的冲动，觉得《辩正》不足以弥补自己的过失，便给《语丝》的编者写了一封信，自我检讨"太易于猜疑，太易于愤怒"。这是他一生中难得的一次公开道歉和认错，却丝毫不减他在人们心目中的高大形象。

看得出来，鲁迅此时发表文章的主要刊物便是《语丝》。作为众多文艺社团之一的"语丝社"成立于一九二四年冬。该社的文学倾向和文学研究会相接近，主力成员是鲁迅、周作人、刘半农、林语堂、章川岛、孙伏园等。鲁迅更被视为语丝社的主将。和文学研究会有自己的刊物《小说月报》、创造社有自己的刊物《创造》季刊一样，语丝社在成立的同时，也办了一份自己的刊物《语丝》周刊。该刊多发表针砭时弊的杂感小品，以倡导幽默泼辣的"语丝文体"而获"语丝派"称号。

《语丝》周刊创办，鲁迅是发起人之一；发刊词却是由周作人撰写。他在发刊词里所表达的"没有什么野心和奢望。我们只觉得现在中国的生活太是枯燥，思想界太是沉闷，感到一种不愉快"的思想，不用说，应该也代表了鲁迅。

刊物主要撰稿人有十六个，其中鲁迅和周作人是主要作者。周作人更是主编之一。虽然每次开会，他俩不会同时现身，但起初几乎每期都有他们的文章，他们的名字常被编者有意识地编排在一起。

说《语丝》是"周派"阵地，似乎不为过。

此时，以胡适为精神领袖、以徐志摩为核心灵魂的新月社已经挂牌成立，它的主旨与文学研究会、创造社、语丝社都有所不同。徐志摩是"想做戏"，即更倾向于戏剧方面有所作为。因此，新月社成立后，并没有仿照其他社团也创办自己的刊物。

在文学上，徐志摩一向没有派别之分、门户之见。就像他身为新月社的人，却还是经常给《小说月报》《创造》季刊投稿一样，在《语丝》创刊后，他也积极给它投稿。有意思的是，《语丝》的创刊，还与鲁迅讽刺徐志摩的一首诗有关。

早年，鲁迅与徐志摩的关系还是不错的。一九二三年年底，在北大兼任讲师的鲁迅将他撰写的《中国小说史略》上册送了一本给在北大任教授的徐志摩。徐志摩很珍视，他在扉页上郑重其事地记了一笔："著者送我的，十三，一，一。"一个月以后，徐志摩在给英国友人、汉学家魏雷写的一封信中，极力推荐《中国小说史略》，说："我们一个朋友新出了一本《小说史略》（鲁迅著）颇好，我也买一本寄给你。"

在《语丝》创刊之前，鲁迅相当一部分文章都发表在北京的《晨报副刊》上，代表作《阿Q正传》便是其中之一。一直以来，《晨报副刊》被认为是五四时期中国的四大报纸副刊之一（另三个分别是《京报副刊》《民国日报·觉悟》《时事新报·学灯》）。就《晨报》而言，它是中国现代史上著名的大报之一。

早先，没有"副刊"这个名称，而只是一个文艺版面。它正式从《晨报》中分离出来而独立是在一九二一年十月，鲁迅为它取名《晨报副刊》。当时许多新文学作家都曾在上面发表过文章，因此该报很有些影响力。

鲁迅既给《晨报副刊》定名，又将自己的作品登载其上，显然对该报很看重。其中原因，恐怕跟该报编辑孙伏园是他的学生，又是浙江绍兴同乡有一定关系。孙伏园对鲁迅也尊重有加，特别给予优厚待遇。曾经有人传说，鲁迅是"特约撰述，无论投稿多少，每月总有酬金三四十元"。对此，鲁迅是否认的，不过他承认他是副刊"颇受优待"的作家之一。他曾经回忆说，那时"一是稿子一去，刊登得快；二是每千字二元至三元的稿费，每月底大抵可以取到；三是短短的杂评，有时也送些稿费来"。

好景不长，一个从欧洲回来的留学生刘勉己取代了孙伏园，代理副刊主编，这实际上是《晨报》的实际控制者研究系（主要人物是梁启超、汤化龙、蒲殿俊等）用以削弱孙伏园势力的手段，因为他们已经无法容忍副刊在孙伏园的主编下，逐渐倾向鲁迅一方。

最终，孙伏园离开《晨报副刊》、《语丝》创刊与鲁迅写的一首打油诗《我的失恋》有关。像以往一样，孙伏园看过《我的失恋》稿子后，几乎没有犹豫就签字发排了。然而，在他外出期间，代理主编刘勉己把这篇稿子撤了下来。孙伏园事后得知，气得打了刘一个耳光，还追着他大骂。

对于创作《我的失恋》的动机，鲁迅在《〈野草〉英文译本序》中说："因为讽刺当时盛行的失恋诗，作《我的失恋》"。在《我和〈语丝〉的始终》中，他说得更具体："不过是三段打油诗，题作《我的失恋》，是看见当时'阿呀阿唷，我要死了'之类的失恋诗盛行，故意做一首用'由她去罢'收场的东西，开开玩笑的。"

从诗的形式上看，正如鲁迅自己所说，它是"拟古的新打油诗"。这里的"拟古"，拟的是东汉文学家、天文学家张衡的《四愁诗》。从诗的内容上看，鲁迅自己说是在"开玩笑"。那么，他开的是谁的玩笑？诗中的一句"赠我百蝶巾"、一句"赠我双燕图"透露了玄机：他开的是徐志摩的玩笑。诗里的"我"，即徐志摩；"她"，即林徽因。林曾经赠徐百蝶巾和双燕图。大概是看出了诗中的讽刺意味，刘勉己才会不经孙伏园的同意，便擅自撤稿。

在这种情况下，孙伏园提出辞职，离开了《晨报副刊》。随即，在他的提议下，《语丝》创刊，他是主要编辑之一。对此，鲁迅回忆说："我很抱歉伏园为了我的稿子而辞职，心上似乎压了一块沉重的石头。几天之后，他提议要自办刊物了，我自然答应愿意竭力'呐喊'。至于投稿者，倒全是他独力邀来的，记得是十六人，不过后来也并非都有投稿。于是印了广告，到各处张贴，分散，大约又一星期，一张小小的周刊便在北京——尤其是大学附近——出现了。这便是《语丝》。"

在《语丝》第三期上,有一篇徐志摩的译诗,题目是《死尸》,作者是法国诗人波德莱尔。诗前,是徐志摩写的题记,他对音乐美进行了阐释:"真音乐原只要你听……你真能听时,这'听'便是'懂'。那虫叫,那燕语,那水响,那涛声,都是有意义的;但他们各个的意义却只与你'爱人'嘴唇上的香味一样——都在你自己的想象里……所以诗的真妙处不在他的字义里,却在他的不可捉摸的音节里;他刺激着也不是你的皮肤(那本来就太粗太厚),却是你自己一样不可捉摸的魂灵——像恋爱似的,两对唇皮的接触只是一个象征;真相接触的,真相结合的,是你们的魂灵。"

他还说,他虽是乡下人,可是爱真正的音乐,有音的与无音的音乐。然后,他这样写道:

"我深信宇宙的底质,人生的底质,一切有形的事物与无形的思想的底质——只是音乐,绝妙的音乐。天上的星,水里泅的乳白鸭,树林里冒的烟,朋友的信,战场上的炮,坟堆里的鬼磷,巷口那只石狮子,我昨夜的梦……无一不是音乐做成的,无一不是音乐。你就把我送进疯人院去,我还是咬定牙龈认账的。是的,都是音乐——庄周说的天籁地籁人籁;全是的。你听不着就

160

该怨你自己的耳轮太笨，或是皮粗，别怨我。你能数一二三四能雇洋车能做白话新诗或是能整理国故的那一点子机灵儿真是细小有限的可怜哪——生命大着；天地大着，你的灵性大着。"

几乎所有人都说徐志摩的这篇文字充满自然主义的神秘感，换句话说，他写得神乎其神又玄乎其玄。其实，这不过是他对音乐的真实感悟而已，只是极富想象力罢了。什么"自然主义"，什么"神秘"等等，都是旁人强加的。

在一个悲观的人眼里，太阳也是在狞笑着的，阳光中隐含着毒剑；在一个乐观的人眼里，雷电是欢笑的声音，阴霾中也潜藏着光亮。徐志摩虽然也时有悲观的情绪，但总的来说，他是一个对未来始终充满希望的乐观的人。因此，世间万物在他的耳里，什么都能成为美妙的音乐，哪怕是"战场上的炮""坟堆里的鬼磷"。如果单从文字上来看，他也不过是运用了夸张的手法罢了。

由他平时的为人平时的为文，写出这样的文章，也不奇怪。

在《语丝》第五期上，鲁迅发表了一篇专门针对徐志摩这篇题记的文章，题为《"音乐"？》，把徐志摩大大讽刺和挖苦了一番：

"咦，玲珑零星邦滂砰珉的小雀儿呵，你总依然是不管什么地方都飞到，而且照例来唧唧啾啾地叫，轻飘飘地跳么？"

显然，在这里，鲁迅将徐志摩看作是"小雀儿"。所谓"不管什么地方都飞到"，应该是指徐志摩"不知趣"地"飞"到《小说月报》，"飞"到《创造》季刊，如今又"飞"到了《语丝》，并且嘲弄他"唧唧啾啾地叫，轻飘飘地跳"地到处作文。

鲁迅还就徐志摩文中"耳轮太笨"和"皮粗"的说法，这样调侃道：

"我这时立即疑心自己皮粗，用左手一摸右胳膊，的确并不滑；再一摸耳轮，却摸不出笨也与否。然而皮是粗定了；不幸而'拊不留手'的竟不是我的皮，还能听到什么庄周先生所指教的天籁地籁和人籁。"

徐志摩时时处处流露出来的不食人间烟火般的超越感，的确令很多人不满。他在将"战场上的炮""坟堆里的鬼磷"也视作音乐的时候，难道不知道有多少人在炮火下丧生？不知道有多少鬼磷中幽幽地透着冤屈？不论他是一个多么乐观的人，他超越现实漫无边际的所谓

"想象"，终究难以被大多数现实中的凡人所认同。

　　"语丝派"以幽默泼辣文体著称。显然，其中的代表非鲁迅莫属。《语丝》周刊追求的是"任意而谈，无所顾忌，要催促新的产生，对于有害于新的旧物，则竭力加以排击"。正如作家曹聚仁所总结的那样，《语丝》"在新中国新文学进程上，的确是一方纪程碑，它所无意中形成的文体，也给新文学以清新的风格"（曹聚仁《鲁迅评传》）。

《莽原》与《彷徨》

　　鲁迅虽然不是《语丝》的主编，但是《语丝》的主力作者，因此他的论敌戏谑他是"语丝派主将"。他在《语丝》上发表过小说《高老夫子》《离婚》《示众》等，还有一些散文诗（后来收在《野草》集中），当然也有战斗性极强的杂文。说《语丝》是鲁迅向论敌开火的阵地并不为过。正因为如此，随着时间的推移，他逐渐感觉作为一个战斗阵地，《语丝》显得弱了一些，它更偏向文艺。主要原因在于"那十六个投稿者，意见态度也各不相同"（鲁迅《我和〈语丝〉的始终》）。以对徐志摩的态度为例，"各不相同"表现在同为"语丝派"，既有鲁迅这样不喜欢徐志摩的人，也有对鲁迅不喜欢徐志摩不以为然的人。就"音乐事件"引起的纷争，鲁迅自己就说："语丝社同人中有几位也因此很不高兴我。"

在这种情况下，鲁迅于一九二五年四月，联合一批志同道合的青年，共同创办了另一个刊物《莽原》。在谈及创办缘由时，鲁迅说："一九二五年十月间，北京突然有莽原社出现，这其实不过是不满于《京报副刊》编辑者的一群，另设《莽原》周刊，却仍附《京报》发行，聊以快意的团体。奔走最力者为高长虹，中坚的小说作者也还是黄鹏基、尚钺、向培良三个；而鲁迅是被推为编辑的。"（鲁迅《"中国新文学大系"小说二集序》）

他的这段话告诉了我们这样一个事实：《莽原》的主创们是因为不满《京报副报》而创刊《莽原》的；开始时是周刊，仍随《京报》发行。"附《京报》发行"的模式有利有弊，"利"在于效率高，从鲁迅日记中可以发现，有时前一天晚上还在编稿，第二天就出刊了。比如，他在一九二五年四月二十二日那天记道："夜雨。编《莽原》第一期稿。"第二天，他的日记这样记："下午寄许广平信并《莽原》。"而"弊"在于太受制于《京报》。当年十一月，由于《京报》削减副刊而宣布停止发行《莽原》。《莽原》周刊被迫停刊。

鲁迅欲借《莽原》表达怎样的思想呢？他自己的解释很清楚明白："我早就很希望中国的青年站出来，对于中国的社会，文明，都毫无忌惮地加以批评，因此曾编印《莽原》周刊，作为发言之地。"（鲁迅《〈华盖集〉题记》）他还说："中国现今文坛（？）的状态，实在不佳，但究竟作诗及小说者尚有人。最缺少的是'文明批评'和'社会批评'，我之以《莽原》起哄，大半也就为了想由此引出些新的这一种批评者来，虽在割去敝舌之后，也还有人说话，继续撕去旧社会的假面。"（鲁迅《两地书》之一七）

　　为此，鲁迅不但将自己的著名杂文《灯下漫笔》《春末闲谈》《论"费厄泼赖"应该缓行》等首发于《莽原》，而且特别重视发掘、扶持"批评"方面的青年人才。比如，高长虹、向培良等人，他们都怀揣着对现实不满、对社会进行无情批判的激情。在《莽原》周刊存续的半年多时间里，在出刊的三十二期中，高长虹发文最多，达三十五篇。看得出来，鲁迅对他们寄予了很大的希望，有几次在给许广平的信中都提到他们："我总还想对于根深蒂固的所谓旧文明，施行袭击，令其动摇，冀于将来有万一之希望。而且留心看看，居然也有

几个不问成败而要战斗的人，虽然意见和我并不尽同，但这是前几年所没有遇到的。"（鲁迅《两地书》之八）

《莽原》周刊停刊后，经鲁迅和同人们研究，将《莽原》由周刊改为半月刊，交文学社团"未名社"（该社于一九二五年八月由鲁迅、曹靖华等作家共同组织）印行，仍由鲁迅负责编辑，李霁野取代高长虹、荆有麟负责出版和发行。一九二六年一月十日，《莽原》半月刊正式创刊。除了"批评"以外，复刊后的《莽原》在鲁迅的支持下，也很重视对外国文学的介绍，比如，果戈理的《外套》、陀思妥耶夫斯基的《穷人》《罪与罚》《被侮辱与被损害的》、安特列夫的《往星中》《黑假面人》、拉甫列涅夫的《第四十一》、爱伦堡的《烟袋》等。

按照鲁迅的说法，《莽原》的宗旨是"撕去旧社会的假面"，因此，他以《语丝》，更以《莽原》为阵地，向论敌猛烈开火，其中最重要的是与以陈西滢为首的现代评论派的论战。而论战的起因是"女师大风潮"。

风潮的起因很简单。一九二四年十一月，国文系预科二年级三名学生以"阻于东南战事"为由未能按时返校，被杨荫榆校长勒令停学。同时，哲学系预科也有两名学生同样未能按时返校，却并未受到相同处分。为此，国文系预科其他学生心生不满，提出抗议，强烈要求杨校长本着公正和公平的原则让他们系的三名同学返校。杨荫榆拒绝，而且态度强硬。双方矛盾激化。

一九二五年一月十八日，学生自治会召开紧急会议，决定否认杨荫榆的校长资格。对此，全校十个班级，有七个赞同，三个保持中立。这样的"决定"，杨校长当然不予承认。五月"五七国耻日"当天，她仍欲以校长的身份主持纪念会并准备发表演讲，遭到学生自治会成员的抵制。两天后，她又以校长和校评议会的名义，宣布开除六位自治会干部。这样一来，风潮升级。

一九二五年二月七日，陈西滢撰文《北京的学潮》为杨荫榆打抱不平，认为学生们所列举的杨校长的"劣迹"是"莫须有"——他的倾向性很明显。

周作人比鲁迅更早介入风潮。与陈西滢相反，他从一开始就站在学生这边。

三月，陈西滢又说"闲话"，撰文为杨荫榆辩护，同时强调闹事的学生背后有人主使。这样的说法，其实是把矛盾复杂化也扩大化了。

起初，鲁迅一直默不作声。有人说，这符合鲁迅一贯的处事作风，即凡事都慢半拍。其实，此时的他未动声色，倒也不完全是因为"慢半拍"，而是他对学生运动的态度——他向来不主张学生动不动就游行请愿示威。另一方面，他教育部佥事的身份也使他行事不能毫无顾忌：支持学生，意味着"背叛"政府；支持杨荫榆，又意味着"出卖"学生。两边不讨好的事，他得掂量。

五月，鲁迅突然开口，在《忽然想到》一文中发表了关于"凶兽"和"羊"的高论。他直言不讳地把杨荫榆以及在背后支持她的教育总长章士钊比作"凶兽样的羊"和"羊样的凶兽"。同时，他对杨荫榆充满冷漠。然后，他给学生们"出谋划策"："对手如凶兽时就如凶兽，对手如羊时就如羊"。

这给了学生极大的鼓舞。五月十一日，学生们集会，决议彻底驱逐杨荫榆，将校长办公室和秘书办公室等都贴上了封条。同时，学生自治会大张旗鼓地公布《恳请本校主持公道之诸先生出面维持校务书》。五月二十七日，由鲁迅拟稿并签名，周作人、钱玄同、马裕藻、沈尹默、李泰棻、沈兼士六名女师大教员参与签名的《对于北京女子师范大学风潮宣言》在《京报》发表。《宣言》公开支持女师大学生运动。

此时，与周作人一样，鲁迅已经站在了学生一边。也就是说，他站在了陈西滢的对立面。两人的论战就此开始。

针对鲁迅参与签署的那份《宣言》，五月三十日，陈西滢再说"闲话"，以《粉刷毛厕》为题表达了他的观点，认为参与签名的教授"未免偏袒一方"，更说风潮是"某籍某系的人在暗中鼓励"。这个"某籍某系"暗示的就是鲁迅、周作人等浙江籍的教授。

鲁迅立即显现出其本来的"斗士"形象。陈西滢的"闲话"话音刚落，鲁迅便以《并非闲话》和《我的"籍"和"系"》予以还击。他的意思很明显：一、陈西滢表面上不偏袒，实则暗中偏袒；二、不直说而暗中偏袒的，例如陈西滢，都是没有是非之心的。说到"同籍"，他不客气地暗指陈西滢给杨荫榆帮忙，是因为他俩都是江苏人。

很明显，鲁、陈在对待学校教育、老师和学生关系这些问题上认识大相径庭。陈西滢为什么要求"粉刷毛厕"？是因为他觉得"教育界"这个"毛厕"已经被学生"闹得太不像样了"。在他的笔下，人们看到了一群

"造反"的学生，一个混乱的学校。而鲁迅的认识正好相反，他不觉得学生在"闹"。

陈西滢认为，学生在闹事，在捣乱，在造反，"驱杨"行动便是证明；鲁迅则认为，校长及其背后的政府当局在迫害学生，"开除许广平等人"的行为就是证明。这样一来，论争便是不可避免的了。

为了一劳永逸地从根子上彻底解决问题，一九二五年八月，教育总长章士钊下令强行解散女师大，在原址上建立女子大学。反对派——由一部分学生和教师组成——组织了"女师大校务维持会"，抵抗解散女师大，誓死保卫女师大。赞成派——由另一部分学生和教师组成——组织了"教育界公理维持会"，声援章士钊创办的女大，反对女师大复校。

不用说，鲁迅是反对派。他旗帜鲜明的态度给他带来了麻烦。身为教育部的佥事，他参加校务维持会，反对的是他所服务的教育部以及他的顶头上司，当然不会有好果子吃。八月十二日，章士钊呈请段祺瑞罢免了他的佥事一职。为了此事，鲁迅还打起了"民告官"的官司。他一方面安慰关心他的朋友们，说："章士钊这一手是难不倒我的。我可以用印书所得的版税维持生活，另外教书也有一定收入，不用发愁。"另一方面，他听从律师的建议，出于维护自己合法权利的考虑，向平政院递交了诉状。

章士钊提交的要求撤鲁迅职的呈文，有一个很明显的漏洞，那就是，呈文中显示的理由是因为鲁迅于八月十三日当选了校务维持会委员，而呈文末尾注明的日期却是前一天，即八月十二日。十二日拟定的呈文，怎么能"先知先觉"地断定鲁迅第二天将要做的事呢？鲁迅利用这个漏洞，不客气地还击了章士钊。

偏偏此时，章士钊派的陈西滢又"闲话"连篇。八月二十九日，他在《走马灯》中不认为章士钊是学生口中的"英日帝国主义的走狗"。

这边，鲁迅刚刚被章士钊"敲"掉了教育部的饭碗；那边，陈西滢公然为章士钊鸣不平。鲁迅斥责陈西滢所推崇的"公理"是"鸟公理"。

公理维持会不顾校务维持会的维持，教育司长刘百昭率人强行占领了女师大，解散了女师大，重建了女子大学。无论态度还是手段，都很强硬。

强硬的还有校务维持会。在他们的维持下，顽强抵抗誓死不从的原女师大几十名学生在校外租房，继续着

"女师大"的名义。

一九二五年十一月，随着政局的动荡，章士钊下台不得不避走天津，风潮发生逆转。在外面租房的原女师大学生返校，同时宣布女师大复校，还宣布取消女子大学。

对此，陈西滢又说"闲话"，就"多数与少数"问题发表言论，目的当然是想说明女师大只是"少数"，女大是"多数"，不论其他，哪怕只按照"少数服从多数"的约定俗成，占优势的，或者说，有话语权的应该是女大，而不是女师大。由女师大宣布"复校"，乃不合理又不合法。

鲁迅在《这回是"多数"的把戏》一文中，发出一连串的疑问："要是二百人中有二百另一人入了女大便怎样？要是维持会员也都入了女大便怎样？要是一百九十九人入了女大，而剩下的一个人偏不要维持便怎样？……"然后，他又用帝国主义侵略后的多数和少数来论证女师大和女大的多数和少数。

在风潮期间，即一九二五年五月，上海发生了五卅惨案，纱厂工人、共产党员顾正红被枪杀，万余群众走上街头抗议暴行，并要求释放参加反帝爱国运动游行的青年学生。消息传到北京，北大、北师大、女师大等北京学校的五万多名学生集聚东交民巷进行游行示威，声援上海的反帝运动，同时成立了"北京各校沪案后援会""女师大师生沪案后援会"等组织，并进行募捐。鲁迅参与其中，也捐了款。

面对惨案，陈西滢一改以往的温敦平和而表现出了激愤抗议，鲁迅不可能不认同不支持。但是，他的一篇《参战》又遭鲁迅驳斥。

《参战》中有这样一段："……原来是三四十个人跟在两个美国兵的后面叫喊着'打！打！'这两个美国兵不慌不忙地慢慢地走着，有时还立停了转身看看后面的中国人。后面的中国人口中喊着'打！打！'，可是总是隔远着六七丈的距离，美国兵走他们也跟着走，美国兵立停他们也跟着立停。他们的人数愈聚愈多了，一会儿就有了百余人，也有几个警察，可是还只是远远地跟着喊'打！打！'美国兵走到了东交民巷的一个口上了，他们回返身来，笑着嚷道：'来呀！来呀！'说了奇怪，这喊打的百余人不到两分钟便居然没有踪影了。打！打！宣战！宣战！这样的中国人，呸！"

陈西滢想表达的意思可能有三层：盲目喊打（宣

174

战），而没有充足的准备（物质的精神的心理的），打了，也是白白牺牲；就当时无能又懦弱的国民、无能又腐败的政府，只会嘴上喊打而已，真的打了，未必是对手；国民劣根性的一个表现便是面对弱者喊打喊杀，面对强者明哲保身。所以，他对"这样的中国人，呸！"

一个"呸"换来了鲁迅两个"呸"。鲁迅在《并非闲话（二）》中写道："这样的中国人真应该受'呸！'他们为什么不打的呢，虽然打了也许又有人来说是'拳匪'。但人们那里顾忌得许多，终于不打，'怯'是无疑的。他们所有的不是拳头么？但不知道他们可曾等候美国兵走进了东交民巷之后，远远地吐了唾沫？……然而美国兵终于走进东交民巷口了，毫无损伤，还笑嚷着'来呀来呀'哩！你们还不怕么？你们还敢说'打！打！宣战！宣战！'么？这百余人，就证明着中国人该被打而不作声！'这样的中国人，呸！呸！！！'"

鲁迅不但自己勇往直前，无所畏惧地与论敌进行短兵相接的斗争，而且还一再鼓励青年人勇敢起来，他说："世上如果还有真要活下去的人们，就先该敢说，敢笑，敢哭，敢怒，敢骂，敢打，在这可诅咒的地方击退了可诅咒的时代！"[鲁迅《忽然想到（五）》]他还指出，中国历史上只有过两种时代，那就是"想做奴隶而不得的时代"和"暂时做稳了奴隶的时代"，而在他看来，中国人习惯做奴隶，却从来不知道争取做"人"。因此，他的一切号召，都在于希望"扫荡这些食人者，掀掉这筵席，毁坏这厨房"，以"创造这中国历史上未曾有过的第三样时代"。（鲁迅《灯下漫笔》）

疾恶如仇、爱憎分明的鲁迅对论敌从来不手软，也信奉"以其人之道还治其人之身"，还主张痛打落水狗。在随后而来的"三一八"惨案中，他继续把现代评论派视作"反动势力的'三帮'（帮凶，帮闲，帮忙）"而痛斥。

一九二六年三月，直系和奉系军阀联合进攻冯玉祥的国民军，双方一番激战后，军阀打了败仗。见此情景，一直暗中支持奉系的日本军队出面炮轰已经被国民军占领的天津大沽口。国民军不得已进行自卫还击。日本人为此向段祺瑞政府提出抗议，又联合英、美、法等八国公使，以维护《辛丑条约》为名，于三月十六日向中国政府发出最后通牒，要求中方停止军事行动。如此霸王行径引起国人的强烈不满。三月十八日，北京总工会、北京各院校共五千余人在天安门集会游行，抗议日方的无理以及政府的软弱妥协。

随后，请愿队伍游行至铁狮子胡同政府所在地，高唱《国民革命歌》，并呼喊口号。他们派出的代表要求面见国务总理贾德耀，但被蛮横拒绝。于是，队伍转向段祺瑞公馆。行至半路，警铃大作，大刀队、政府卫队向手无寸铁的人群挥刀、开枪，一时间，枪声四起，血肉横飞。最后粗略统计，惨案共造成四十七人死亡，两百多人受伤。鲁迅把这一天称为"民国以来最黑暗的一天"。

"三一八"惨案发生后，陈西滢在谴责政府残杀群众的暴行之余，认为开枪杀人者固然罪不可赦，负责领导的群众领袖也应对惨案负有一定的责任，不论故意还是过失。为此，他还举了一个例子，说死去的女学生杨德群本意并不想去参加示威，走了一半又折回，一个教员却"勉强她去"，她不得已只好又回头，最后被打死了。

鲁迅一贯反对学生与虎谋皮。推而广之，他当然也会反对手无寸铁的群众，特别是妇女、儿童、老人、学生，只凭着一时激愤一腔热血用肉体去抵挡枪弹而白白送死。但是，面对陈西滢的"群众领袖也应当负责"的言论，鲁迅在《"死地"》一文中这样感慨："但各种评论中，我觉得有一些比刀枪更可以惊心动魄者在。这就是几个论客，以为学生们本不应当自蹈死地。"

他没有点名"几个论客"，但肯定包括陈西滢。陈西滢曾明确劝告"女志士们""以后少加入群众运动"。其实，从"女师大风潮"到"三一八"惨案，他始终认为学生的背后有一股政治势力或是无形的力量。他们麻痹了学生，操纵了学生，驱使了学生，让学生充当了替罪羊、牺牲品。所以他在三月二十七日《现代评论》的《闲话》中又说：

"对理性没有充分发展的幼童，勉强灌输种种的武断的政治或宗教的信条，在我看来，已经当得起虐待的名字，何况叫他们去参加种种他们还莫名其妙的运动，甚而至于像这次一样，叫他们冒枪林弹雨的险，受践踏死伤的苦！"

或许，鲁迅并不反对陈西滢广义上的不可"冒枪林弹雨的险，受践踏死伤的苦"的主张，但他坚决不认同"群众领袖负责"的观点。在《空谈》一文中，他说："这些东西仿佛就承认了对徒手群众应该开枪……我以为倘要锻炼群众领袖的错处，只有两点：一是还以请愿为有用；二是将对手看得太好了。"

三月二十五日，鲁迅亲自参加了在惨案中牺牲的女学生刘和珍、杨德群的追悼会。四月一日，他写下了一篇纪念文章，那就是著名的《纪念刘和珍君》。在文章中，他发出了这样掷地有声的感慨："真的猛士，敢于直面惨淡的人生，敢于正视淋漓的鲜血。"

显然，鲁迅是公开支持学生的，因此，他的行为无异于与当时的北洋政府唱反调，被当局视为"敌人"也就成为必然。"三一八"之后，北洋政府下令通缉共产党员徐谦、李大钊等人。随后，更大的一份通缉名单被披露，这份名单上有鲁迅的名字。为避风头，鲁迅听从好友许寿裳的建议，于知晓通缉名单后的当晚便离开家住进了莽原杂志社。

几天后的一天傍晚，杂志社的大门被几个年轻人敲开，说是来打听杂志社是否收投稿。一直很警惕的鲁迅怀疑他们的真实身份，未与他们细谈，便匆匆将他们打发走。为了以防万一，他随即转移，装成病人住进了日本人开的山本医院——这是他和他的家人经常光顾的医院。《纪念刘和珍君》这篇文章就是在这里完成的。

转眼到了四月，看到风头已过，鲁迅便回了家。可是，只过了一个星期安稳日子，便传来奉系军阀已经打到京郊高桥的消息。无人不知奉系首领张作霖向来杀人不眨眼，于是，鲁迅不得不再次离家暂避，住进了东交民巷的一家德国医院，与十多个人一起挤住在地下室。尽管生活艰苦，他仍然没有放弃工作。在躲避的八天时间里，他写了三篇文章，又帮许钦文校对了一遍小说集《故乡》。因为劳累过度，他真的病了一场。病好后，又转到了一家法国医院住了一周。这次避难，整整花掉了他一个月的宝贵时光。

战斗中的鲁迅始终没有放弃创作，在一九二四年和一九二五年这两年的时间里，共写了十一篇短篇小说。这批小说后来被他收入到第二本小说集《彷徨》里，于一九二六年八月出版。之所以定名《彷徨》，鲁迅自解道："后来《新青年》的团体散掉了，有的高升，有的退隐，有的前进，我又经验了一回同一战阵中的伙伴还是会这么变化，并且落得一个'作家'的头衔，依然在沙漠中走来走去……得到较整齐的材料，则还是做短篇小说，只因为成了游勇，布不成阵了，所以技术虽然比先前好一些，思路也似乎较无拘束，而战斗的意气却冷得不少。新的战友在哪里呢？我想，这是很不好的。于是集印了这时期的十一篇作品，谓之《彷徨》，愿以后不再这模样。'路漫漫其修远兮，吾将上下而求索。'"（鲁迅《〈自选集〉自序》）一九三三年，鲁迅为《彷徨》题了一首诗："寂寞新文苑，平安旧战场。两间余一卒，荷戟独彷徨。"

一句"荷戟独彷徨"，形象而恰如其分地表达了鲁迅"众人皆醉我独醒"的孤独又寂寞的心理状态。依照常理，似乎应该先有"彷徨"，再有"呐喊"，只有彷徨后才能发出呐喊。然而，鲁迅却是《呐喊》在前，《彷徨》在后。这实际上正是时代变迁的反映：五四新文化运动轰轰烈烈，为了一个新时代的到来，鲁迅积聚全部的热情和力量为新文化运动为新时代呐喊。但是，就像鲁迅自己所说，"后来《新青年》的团体散掉了，有的高升，有的退隐，有的前进"，"五四"逐渐退潮，新文化运动阵营出现分化，呐喊声被淹没，原先疾驰向前的时代车轮被一股无形的力量牵绊。在这种情况下，就连鲁迅，不免也陷入了何去何从的迷茫。彷徨中的他便成就了一部《彷徨》。

《彷徨》中除了与兄弟失和有关的《伤逝》和《弟兄》外，还包括《在酒楼上》《幸福的家庭》《肥皂》

《长明灯》《示众》《高老夫子》《孤独者》《离婚》和《祝福》。

《在酒楼上》的主人公名叫吕纬甫，曾经是一个革命青年，很激进，也很先进，可以说是一个反封建的急先锋。但在屡次遭受挫折和失败后，完全丧失了战斗性。"我现在就是这样了，敷敷衍衍、模模糊糊。"对于未来，他不再奢望："以后？——我不知道。你看我们那时预想的事可有一件如意？我现在什么也不知道，连明天怎样也不知道，连后一分……"这是辛亥革命前后知识分子革命不彻底的写照。这篇小说被誉为"最富鲁迅气氛"（周作人语）的鲁迅作品之一。

在《幸福的家庭》中，"幸福的家庭"只是"须得捞几文稿费维持生活"的主人公的一种幻想一种渴望。在巨大的经济压力下，不可能有真正意义上的幸福家庭。

《肥皂》讽刺了以主人公四铭为代表的现实中一批虚伪的知识分子。他们看见一个行乞的十七八岁女子，便想着如果她们用肥皂洗洗之后会是什么模样。"肥皂"其实具有象征意义，象征着新文化运动，而只有通过新文化运动的洗涤，灵魂才能得以拯救。

《长明灯》与《狂人日记》有异曲同工之妙。主人公也是一个"狂人"（疯子），他一直试图吹灭寺里的长明灯而遭到全村人的反对，以致被软禁。和"肥皂"一样，"长明灯"也具有象征意义，象征着集政权、族权、神权为一体的封建思想。

《示众》描写的是一个犯人被游街示众时围观民众的反应：好看热闹，麻木不仁，缺乏同情心。这是民族劣根性的表现之一。

《高老夫子》写的是原名高干亭、被人戏称为"老杆"的高老夫子为了接近女学生而去应聘贤良女校，却因为并无真才实学而被识穿尴尬辞职的故事。各种讽刺手法的运用是这篇小说的最大特色。

《孤独者》是又一篇描写知识分子悲剧命运的小说。主人公叫魏连殳，是个曾经有理想和抱负的知识分子，但现实的残酷挤压了他对未来的美好憧憬。他很痛苦，但倔强的他"偏要为不愿意我活下去的人们而活下去"。于是，当他当上了军阀顾问后，选择了堕落。然而，他的内心却是矛盾的、挣扎的、孤独的、彷徨的。

《离婚》描写了一个叫爱姑的女人因为不能忍受丈夫外遇而提出离婚，但最后在强大的外界压力下不得不屈服的故事。无疑，爱姑是有反抗精神的，但她的反抗是个人情绪化的，无明确意识的，所以只能以失败收场。同时，小说也表达了个人的力量无力抵抗强大的封建壁垒的深刻思想。

作为《彷徨》的开篇之作，《祝福》无疑是最具有"鲁迅风格"的代表作品。它写于一九二四年二月七日，首发于三月二十五日出版的上海《东方杂志》半月刊第二十一卷第六号。故事写的是被封建礼教残害的祥林嫂的悲惨遭遇。她的丈夫死后，婆家要把她卖掉，她不得不出逃，到鲁镇鲁四老爷家做帮佣，善良勤劳，却还是备受欺凌。被婆家抓回后，她被迫与老实巴交的贺老六成亲，之后生了一个儿子阿毛，终于过上了一段安稳日子。可好景不长，丈夫贺老六死了，儿子阿毛又被狼吃了。她被告知是因为改嫁而受到了惩罚，便听信传言，捐门槛以求赎罪。尽管如此，她还是受尽凌侮，最后在除夕的鞭炮声中饮恨而亡。

小说意在表现封建传统思想对中国妇女的摧残，揭示了封建礼教的吃人本性，也暴露了"人吃人"的丑恶人性。除此之外，鲁迅的先知先觉、鲁迅的思想深刻还反映在他对祥林嫂老实本分、善良勤劳、纯朴谦恭等"优良品质"并不是无限地、无原则地高歌猛赞。他清醒地意识到，很多时候，谦恭与软弱同义，妥协与奴性无二致，善良几乎等同于愚昧。这时的谦恭、妥协、忍耐、善良等并不可取，而反抗、斗争、不容忍、不宽恕才是打碎封建礼教、摧毁封建思想唯一的出路。一味地善良只能被欺凌，绝不妥协地斗争才能将权利争取。鲁迅的洞察力、敏锐度、深刻性便在于此了。

如鲁迅自己所说，相比《呐喊》，《彷徨》在技术上"比先前好一些"，思路上更加"无拘束"，然而"战斗的意气却冷得不少"。尽管他一如既往地对社会问题揭示得深刻，对知识分子的软弱性分析得细致，对国民劣根性暴露得彻底，但由于他本人的思想正像他笔下的人物魏连殳一样交织着矛盾、痛苦和彷徨，因此，《孤独者》《伤逝》《弟兄》《祝福》等作品充满了悲情色彩，给人很沉重的压抑感。

然而，这份"压抑感"并没有消融《彷徨》的艺术和社会价值。从艺术价值来说，它以典型化的特征、大量精致的细节描写、立体的人物形象塑造、幽默讽刺手法的运用，以及融浪漫主义、象征主义、现实主义于一体的创作方法，在中国现代文学史上留下了浓墨重彩的一笔。从社会价值来说，它继续对中国革命、中国问题和知识分子虚伪性与软弱性进行了反思，虽然并没有在作品中明确提出解决良方，但"出路何在"的疑问足以让社会警醒。可以说，与《呐喊》一样，《彷徨》同样在中国现代文学史上占据着重要地位。

"我也可以爱"

　　尽管鲁迅说他和陈西滢的论战"虽大抵和个人斗争，但实为公仇，绝非私怨"（鲁迅《致杨霁云》），但因为论战中混杂着的两个女人（许广平和凌叔华），注定这场论战有公仇，也有私怨。

　　如果问：一九二五年三月十一日是个什么日子？许广平一定甜蜜地答：是个值得纪念的日子。鲁迅肯定幸福地答：是个难忘的日子。这天，许广平给鲁迅发出了一封信，第一封信。当天，鲁迅就回了一封信，第一封信。那著名的《两地书》就这样开始了。

　　这年，鲁迅四十四岁，许广平二十七岁。

　　鲁迅很早就悲凉地说过，他不知道爱情是什么东西，只以为"中国的男女大抵一对或一群——一男多女——地住着"。他也作好了"陪着做一世的牺牲者，

187

完结四千年的旧账"的准备。

相比而言，许广平勇敢得多，她一针见血直刺鲁迅灵魂最深处："旧社会留给你苦痛的遗产，你一面反对这遗产，一面又不敢舍弃这遗产，恐怕一旦摆脱，在旧社会里就难以存身，于是只好甘心做一世农奴，死守这遗产。"（许广平《两地书》之八二）所谓"遗产"，指的就是鲁迅原配朱安。

鲁迅犹豫着，渴望着久已向往的爱情，却顾虑再三。就在这前后，鲁迅写了《灯下漫笔》，发表在《莽原》周刊上，由《左传》中天有十日、人有十等、下级服侍上级、上级役使下级说开去，说第十等人没有人可供役使，"不是太苦了么？无须担心的，有比他更卑的妻……"这说明鲁迅对妻子相对于丈夫在家庭中的地位是清楚的，是有认识的，甚至于他也可能想到他的妻子朱安。在完全理智的状态下，他对她会有一点恻隐之心。

许广平高调发文，表示决计不顾那些戴着道德面具专唱高调的人们的议论，宣布她要"一心一意地向着爱的方向奔驰"。她又故意向鲁迅任编者的《国民新报副刊》投了一篇稿子，题目很直白，叫《风子是我的爱》，内容很直接："不自量也罢，不相当也罢……合法也罢，不合法也罢，这都与我们不相干，与你们无关系"。

风，快也，迅也，鲁迅也。

鲁迅何等聪明。他收到了这篇稿子，也摸到了一个沉浸在爱河里的女人滚烫的心。他终于敞开了他的心，坦然直言："我也可以爱！"

一九二六年八月二十六日，于鲁迅于许广平，又是一个值得纪念而难忘的日子。他俩携手离京南下。他那天的日记，记录着为他们送行的人："子佩来，钦文来……淑卿、季市、有麟、仲芸、高歌、沸声、培良、璇卿、云章、晶清、评梅来送，秋芳亦来"。最重要的一句话，是"广平同行"。

跟母亲（还有朱安）提起离京南下，鲁迅的理由很充分：时局——段祺瑞撤他的职，还要通缉他；环境——南方的革命运动如火如荼，投身革命去；人情——厦门大学诚心邀他去教书，连薪水都寄来了，四百元，外加一百元旅费。时局重要，革命重要，钱，也重要。

虽然不闻窗外事，但出于一个女人的本能，朱安能感觉得到，鲁迅所说的那些走的理由不过是借口而已。在她看来，既然是借口，那么肯定会有真正的理由。他真正的理由（或者说，最最重要的理由），是为了许广平。他们知道，在北京，他们的关系可能难为世人所容。再说了，要创造新生活，经济是个大问题。挣钱，迫在眉睫。

就这样，鲁迅离开了北京，离开了朱安，离开了家。

离家越来越远，鲁迅竟然冒出这样的念头，"呜呼老家，能否复返，是一问题"。为什么是"问题"？他似乎作好了不复返的准备（事实上也是）。

离京之前，鲁迅和许广平商量了一个两年计划，那就是"希望在比较清明的情境之下，分头苦干两年"。许广平告诉友人："我们在北京将别的时候，曾经交换过意见：大家好好地给社会服务两年，一方面为事业，一方面也为自己生活积聚一点必需的钱。"鲁迅也有这方面的透露："家眷不动，自己一人去，期间是少则一年，多则两年"。

两人结伴先乘火车抵达上海。这是他俩的中转站。他们同行，并不是计划好了从此你侬我侬今生不分离而同往厦门共同开辟新天地，而是一个往厦门（去教书），一个往广州（回老家）——许广平是广州人。在上海待了几天后，他乘"新宁"号轮船、她乘"广大"

号轮船一前一后离沪。虽说不是一个目的地，但都继续南下。

才分手，就思念。坐在往厦门的船上，鲁迅给许广平写信，说他看见后面的一艘船不远不近地跟着，想象着她在那船上。坐在往广州的船上，许广平给鲁迅写信。这时，称呼改了，不再叫"迅师"，而是"MY DEAR TEACHER"。

"两年"的约定，对一对相爱的人来说真是太长了。被思念折磨的许广平不得不承认，"临行之预约时间，我或者不能守住，要反抗的"。

客观上，鲁迅在厦门大学国文系只待了三个月便辞职了。当初，他是应林语堂的邀请到厦大的，原计划在教书（中国文学史、中国小说史、声韵文字训诂专书研究）之余，把之前辑成的《汉画像考》和《古小说钩沉》整理后出版，况且他发现这里"背山面海，风景佳绝……四面几无人家，离市面约有十里"（鲁迅《两地书》之三六），是个居住、静养、写作的好地方，但真正住下后，他发现情况远不像他想的那样——不是自然环境，而是人为因素。

无论在生活还是在工作上，鲁迅自觉得不到校方的尊重，缺图书缺资料缺助手，住得差，吃得差。关键是，对于他辑佚书的工作，原本对国学就不在行的校长一直不太重视。为此，鲁迅在给许广平的一封信中，抱怨道："这里的学校当局，虽出重资聘请教员，而未免视教员如变把戏者，要他空拳赤手，显出本领来。即如这回开展览会，我就吃苦不少。当开会之前，兼士要我的碑碣拓片去陈列，我答应了。但我只有一张小书桌和小方桌，不够用，只得摊在地上，伏着，一一选出。及至拿到会场去时，则除孙伏园自告奋勇，同去陈列之外，没有第二人帮忙"。（鲁迅《两地书》之五三）此外，他把整理好的《古小说钩沉》交出去，校方也无意出版。

此时，北伐军节节胜利的消息传到厦门，鲁迅立即萌生离开死气沉沉的厦大，前往革命策源地广州的念头。此念头一生，他再也顾不得在厦大工作两年的打算。恰好此时，广州大学给他发来了聘书，他便向厦大提出了辞呈。

离开厦大，鲁迅即刻前往广州，和爱人会合。理由也正当："……偏在广州，住得更近点，看他们躲在黑暗里的诸公其奈我何。"（鲁迅《两地书》之一〇二）意思好像是要与流言对抗。流言是什么？在厦大时，关于他私生活的流言四处飘散。"私生活"？当然指的是他与许广平的师生恋。他只在厦大待了三个多月便下定"走"的决心，不能不说也与流言有关。

在厦大的时间尽管很短暂，而且充满了"淡淡的哀愁"（鲁迅语），但这并非说鲁迅在此期间于文学方面毫无建树，相反，他那部最好的散文集《朝花夕拾》正是在这个期间编成的。此外，他还涉猎历史小说，后来被编入《故事新编》中的《铸剑》和《奔月》，也是完成于厦大时期。

按照鲁迅自己的说法，《朝花夕拾》是"回忆的记事"，也就是说，它属于"回忆性散文"，记述的是陈年往事，大多数是儿时的经历。最早的一篇创作于一九二六年二月，最后一篇作于当年十一月。全部作品先以《旧事重提》的总题目在《莽原》上陆续刊出。一九二七年，身在广州的鲁迅又对文章进行了修订，并增写了小引和后记。一九二八年九月结集出版时，改名为《朝花夕拾》。

《朝花夕拾》一共有十篇散文（前五篇作于北京，后五篇作于厦大），包括《狗·猫·鼠》（批判了猫的恶行，比如欺小凌弱，实则借猫喻人）、《阿长与〈山海经〉》（阿长指鲁迅家的女佣长妈妈，《山海经》是鲁迅小时候很爱读的一本富于神话传说的先秦古籍）、《二十四孝图》（揭露和批判了封建孝道）、《五猖会》（批判了封建家长制和封建教育制度）、《无常》（记述了作者儿时在庙会中看到的"无常"形象，暗示"公正的裁判在阴间"，揭露了现实社会的丑恶）、《从百草园到三味书屋》（描写了作者儿时的读书生活）、《父亲的病》（揭露了所谓"名医"的欺世盗名）、《琐记》（讲述了作者离家求学的一段往事）、《藤野先生》（记述了作者在日本求学时遇到的一位恩师）和《范爱农》（范爱农是鲁迅的同乡好友，一生坎坷）。

　　这十篇散文中，有三篇入选过中学课本——《从百草园到三味书屋》《藤野先生》《阿长与〈山海经〉》，而《朝花夕拾》曾入选中学语文名著导读之一。很大原因在于在这批作品中，鲁迅以一种朴实无华却生动有趣的笔调记录了他小时候的各种经历，栩栩如生地刻画了女佣长妈妈、父亲周伯宜、亲戚衍太太、私塾先生寿镜吾、日本恩师藤野先生、好友范爱农等形象。在回忆、记述的过程中，又不乏揭露和批判，延续了他揭露国民劣根性、批判封建传统的行文作风。因此，说它们是中国现代文学史上高水平的散文代表并不为过。

一九二七年元月，鲁迅应聘广州中山大学，任文学系主任兼教务主任。

在中山大学，鲁迅也只待了三个多月，"不愉快"仍然充斥着他的生活。为什么呢？这从他二月二十五日写给友人章川岛的信中可以窥见："我在这里，被抬得太高，苦极。作文演说的债，欠了许多。阴历正月三日从毓秀山跳下，跌伤了，躺了几天。十七日到香港去演说，被英国人禁止在报上揭载了。真是钉子之多，不胜枚举。我想不做'名人'了，玩玩。一变'名人'，'自己'就没有了。"演讲，鲁迅在广州期间作过好几次，虽然他并不热衷，但演讲得很出色，一次是在黄埔军校作的《革命时代的文学》，一次是在暑期学术演讲会上作的《魏晋风度及文章与药及酒之关系》，还有两次到香港的演讲：《无声的中国》和《老调子已经唱完》。

人事纠纷应该是鲁迅最终离开广州中山大学的主要原因。鲁迅到中山大学两个多月后，文科主任傅斯年有意请顾颉刚来校当教授，对此，鲁迅很反对——他向来与顾不睦，起因在于顾曾传播过关于鲁迅的谣言，他说鲁迅的《中国小说史略》"抄袭"了日本作家盐谷温的书。这让鲁迅异常震怒。因为顾颉刚是酒糟鼻，鲁迅曾在作品中用"鼻尖涨得通红""鼻子红到发紫""红鼻"等语指代他。顾颉刚是考据学家，曾根据《说文解字》对"鲧"字和"禹"字进行解释，说鲧是鱼，禹是蜥蜴之类的虫。鲁迅将"顾"的繁体"顧"字也用《说文解字》解释：这个字从页雇声，而"雇"是鸟名，"页"本义又是头，所以他又常以"鸟头先生"指代顾颉刚。

鲁迅的反对意见，傅斯年未予采纳。眼里容不得沙子的鲁迅愤而表示："他来，我就走。"傅斯年仍然坚持己见。顾颉刚便也走进了中山大学，成了鲁迅的同事。这让鲁迅不能容忍，他立刻提出辞职，并在五月十五日给章川岛的信中抱怨道："我到此只三月，竟做了一个大傀儡……当红鼻（指顾颉刚）到此时，我便走了；而傅大写其信给我，说他已有补救办法……现在他们还在挽留我，当然无效，我是不走回头路的。"

不久，"四一二"事变爆发，不仅是广州，各地都陷入白色恐怖中，到处血流成河。鲁迅说得很形象，"我被血吓得目瞪口呆"。

辞职后的鲁迅并没有立即离开广州。当年四月，他编成了《野草》。七月,《野草》由北京北新书局出版。它收录了鲁迅创作的二十三篇散文诗。和《彷徨》一样,鲁迅创作《野草》时,也处于新文化运动退潮期。所以,他这样解释《野草》的诞生:"后来《新青年》的团体散掉了,有的高升,有的退隐,有的前进……有了小感触,就写些短文,夸大点说,就是散文诗,以后印成一本,谓之《野草》。"(鲁迅《〈自选集〉自序》)

《野草》中除了《雪》《风筝》曾入选中学语文课本外,还有《秋夜》《影的告别》《求乞者》《我的失恋》《复仇》《复仇》(其二)、《希望》《好的故事》《过客》《死火》《狗的驳诘》《失掉的好地狱》《墓碣文》《颓败线的颤动》《立论》《死后》《这样的战士》《聪明人和傻子和奴才》《腊叶》《淡淡的血痕中》和《一觉》。

在写于"四一二"事变后的广州的《〈野草〉题辞》中,鲁迅发出这样的感慨:"我自爱我的野草,但我憎恶这以野草做装饰的地面。""我以这一丛野草,在明与暗,生与死,过去与未来之际,献于友与仇,人与兽,爱者与不爱者之前作证。"

九月底十月初,鲁迅偕许广平离开广州,来到上海。初到上海,鲁迅并没有就此长居上海的打算——究竟是回北京，还是留上海，或者到别的地方去，他没计划，一切走着瞧，看着办。匆忙抵沪，来不及找房，他俩就在共和旅店开了一间房，暂住下来。

这时，三弟周建人和王蕴如的新家在景云里十号，离位于宝山路他的工作单位商务印书馆不远。这里住着不少文化人，像茅盾、叶圣陶（叶绍钧）等。由周建人介绍，鲁迅和许广平搬进了景云里二十三号。这个时候，鲁迅、许广平的同居关系顺理成章地公开了。

消息传到北京，有人很担心朱安的反应，朱安很平静地说了一句话："我是早想到了的。"为什么？她说："你看他们两人一起出去，一起……"原来，早在北京的时候，朱安就已经看出两人关系的端倪了。

好心人问她："那你以后怎么办呢？"她一下子变得激动起来："过去，大先生和我不好，我想好好地服侍他，一切顺着他，将来总会好的。我好比是一只蜗牛，从墙底一点一点往上爬，爬得虽慢，总有一天会爬到墙顶的。可是，现在我没有办法了，我没有力气爬了。我待他再好，也是无用。"

然后，她说："看来我这一辈子只好服侍娘娘（婆婆）一个人了，万一娘娘'归了西天'，从大先生一向

198

的为人看，我以后的生活他是会管的。"她的语气凄楚哀怨。尽了全力又无能为力的气息弥漫在她全身。

论照顾鲁迅的生活起居，受过教育的许广平一点儿也不输给大字不识的朱安。她让他饭来张口、衣来伸手。他十指不沾阳春水，幸福而骄傲地承认，"现在换衣服也不晓得向什么地方拿了"。她保护他的胃，不让他喝凉茶，为他的杯子制作了一个棉套子；她亲自为他买香烟——为省钱，也买廉价烟。这让她在他去世后一直很后悔，内疚地以为，他的肺都是被廉价烟摧残的。

为了他吃得好，她亲自下厨。特别在他生病的时候，她更细致，绿叶菜只要叶不要茎，鱼肉要软的不能有刺。烧好了，她一碗碗一盆盆端上楼，送到他的床前他的嘴边。他爱吃北方菜，她是南方人，不太懂烹调，提议请一个北方厨师，他嫌贵，舍不得，她也就现学现做。

她穿扣子磨掉了、颜色洗褪了的粗旧衣服，脚蹬一双她自己做的大棉鞋，从不穿金戴银，看上去像极了一个村妇，也克制自己的消费，几至零支出，只满足一日两餐，却为鲁迅买书慷慨得像一个有钱人。

客人来时，她接待；客人走时，她相送；他工作前，她作准备；他工作中，她负责清场，确保绝对安静；他写了稿，她誊清；他编辑，她校对；他需要的资料，她收集；他出版的作品，她保管；他随处扔的手稿，她整理收藏。

最关键的，许广平为鲁迅生了一个儿子。

许广平怀孕，纯属意外，那是因为避孕失败。为了这个意外，他俩进行了一番商量。要，还是不要，这是个问题。商量的结果，要。干吗不要呢？那是一条生命，既然那么强烈地想要来到人间，那就让他（她）来吧。

阵痛了！一阵忙碌之后，医生从手术室里出来，很严肃地告诉鲁迅，难产，保大人还是留孩子。鲁迅回答得干脆，保大人。

鲁迅为新出生的儿子取名周海婴。上海出生的婴儿。

直到这个时候，鲁迅才算有了一个有相爱的妻子、有疼爱的儿子的真正意义上的家。

上海十年

从一九二七年秋离开广州到一九三六年因病去世，鲁迅在上海度过了他人生的最后十年。其间，他只于一九二九年五六月间和一九三二年十一月间先后回过北平，探望母亲（当然还有原配妻子朱安）。前一次，是他偕许广平离平南下三年后第一次回家。当时，北平的朋友都劝他留下教书，但他拒绝了，他笑说他的心已经野了，不能教书了。虽说是玩笑话，但也并非不是事实——他的确不太愿意过一种"安闲"的生活，换句话说，似乎不太甘于寂寞。这从他给许广平的一封信中可以发现："为安闲计，住北平是不坏的，但因为和南方太不同了，所以几乎有'世外桃源'之感。我来此虽已十天，却毫不感到什么刺激，略不小心，确有'落伍'之惧的。上海虽烦扰，但也别有生气。"（鲁迅《两地

书》之一二二）

　　若是真正意义上的"有生气"，即充满活力、生机和生命力，倒也罢了，问题是，当时的上海阴霾深重。从大的方面来说，国共合作破裂，即便国民党内部也矛盾重重。为巩固集权统治，蒋介石大力推行特务政治，中统、军统应运而生。他们除了捕杀真正的共产党人以外，也监视、逮捕甚至暗杀进步文化人士。当左翼作家柔石等被杀后，社会上一度流传着鲁迅也遇难的谣言。时局的黑暗，环境的恶劣，战友的牺牲，鲁迅不免悲愤异常。从小的方面来说，也就是单就文化界而言，鲁迅一再被论敌"围攻"，他不得不浑身竖起利刺，向对手掷去"匕首"和"投枪"。

　　初到上海，由老友许寿裳推介，鲁迅被蔡元培聘为大学院（即后来的教育部）特约撰述员，而他的本意还是继续从事文艺事业。正好此时，《语丝》在北京被奉系军阀禁了，不得不迁到了上海，于是鲁迅担任了《语丝》的编辑，时间达十个月之久。同时，他创办和主编了又一种文艺刊物《奔流》，另外便是写稿和翻译。

　　一九二八年年初，也就是鲁迅到上海不久，他遭遇了第一场论战，对手是同样提倡革命文学的"创造社"

和"太阳社"。有意思的是，之前，鲁迅还在广州时，曾有过与创造社合作的打算，因客观原因没有成功。他刚抵达上海，创造社就找上门来，提出与他合作恢复《创造周报》。一切谈妥，《时事新报》轰轰烈烈地刊载了复刊启事，广而告之该周刊由鲁迅领衔，郭沫若、蒋光慈、冯乃超等人为特约撰述员。

然而，合作还没有开始就夭折了——刚刚从日本回国的创造社成员成仿吾、李初梨率先向鲁迅发难，连续撰文指责鲁迅已经不能担负起提倡无产阶级文学的重任，随即郭沫若也加入其中，以"杜荃"的笔名在《文艺战线上的封建余孽》一文中直斥鲁迅是"封建余孽"。接着，太阳社的蒋光慈、钱杏邨等人连续作文呼应创造社。沉默了一阵后的鲁迅以在《语丝》上发表的一篇文章《"醉眼"中的朦胧》予以反击。之后，他又先后写了《文艺与革命》《我的态度气量和年纪》《革命咖啡店》等。双方就"文学革命""革命文学"的话题掀起的论战热火朝天、如火如荼。

如果说，鲁迅与创造社和太阳社的论战是"自己人打自己人"的话，那么，鲁迅与梁实秋的论战便有些"敌我"的味道了。

鲁迅和梁实秋的论战，虽不如鲁迅和陈西滢的"闲话之争"那样涉及面广，而只是一对一地单打独斗，但一来双方在文化界并非无足轻重之辈，二来争论的又涉及到文学的深层问题，因此，它被称为是"中国现代文学史上重大历史公案之一"。

　　两人论争的起因，最早可追溯到一九二六年梁实秋在《晨报副刊》上发表的那篇被视为"号角"的文章《现代中国文学之浪漫的趋势》。在这篇文章中，他表达的是崇尚古典主义、反对浪漫主义的思想，又将文学批评的矛头直指五四新文学运动中泛滥的所谓"人道主义"情怀。

　　为此，他举了一个例子，说近年来新诗中出现了一个"人力车夫派"。这个派别的特点是对以人力车夫为主的所谓"下层"人士（还有娼妓）抱以无限的同情，为他们被压迫和剥削打抱不平，赞美他们的劳动，吹捧他们的朴实，感叹他们职业卑下却人格高尚等等。

　　而在梁实秋看来，人力车夫也好，娼妓也好，都是凭劳动凭血汗赚钱糊口，也是一种职业，一种生活方式而已，没什么可值得同情和怜恤的。同情、怜恤反而衬出他们高高在上的优越感。他之所以持这样的观点，是因为他认为"同情是要的，但普遍的同情是要不得的。平等的观念，在事实上是不可能的，在理论上也是不应该的"。

对于"下层"人士的形象是否能够进入文学作品，鲁迅的一段话很能说明他的态度："北京有一班文人，顶看不起描写社会的文学家，他们想，小说里面连车夫的生活都可以写进去，岂不把小说应该写才子佳人一首诗生爱情的定律都打破了吗？"（鲁迅《文艺与政治的歧途》）

与其说鲁迅对梁实秋这篇文章的不满来自他对新文学的部分否定，不如说是因为感觉被讥嘲了。何来讥嘲？因为鲁迅在他的小说《一件小事》中就深情款款地描写了人力车夫，并对人力车夫充满了同情和赞美。

生活中，鲁迅与人力车夫之间的故事发生过好几桩。这从他的日记便可窥见。比如，一九一三年二月八日，他记道："上午赴部，车夫误踯地上所置橡皮水管，有似巡警者及常服者三数人突来乱击之，季世人性都如野狗，可叹！"——对弱肉强食的冷漠社会表达了强烈不满。一九一五年五月二日，他记道："车夫衣敝，与一元。"——对下层贫民寄予了无限同情。一九一六年五月十七日，他记道："下午自部归，券夹落车中，车夫以还，与之一元。"——对车夫拾金不昧的优秀品质给予了赞颂。在日记里，他还记述了两起因坐人力车而"落齿""膝伤"的事。一九一二年八月七日，他记道："午归寓途中车仆堕地，左手右膝微伤。"一九二三年三月二十五日，他记道："黎明往孔庙执事。归途坠车，落二齿。"——对车夫的责任造成的身体伤害，他无一句埋怨。

鲁迅的侄女、周建人的女儿周晔曾在《我的伯父鲁迅先生》一文中描述了鲁迅晚年生活在上海的一个故事。寒夜，周建人一家三口到鲁迅家去串门，在离鲁迅家不远的地方，看到一个黄包车车夫坐在地上呻吟。近前一问才知道，他因为光着脚拉车，不小心踩到了一块碎玻璃，划伤了脚。周建人赶快跑进鲁迅家，告诉了他车夫的情况。鲁迅听完后，立即拿了药和纱布与周建人一起回到现场。"他们把那个拉车的扶上车子，一个蹲着，一个半跪着，爸爸拿镊子夹出碎玻璃片，伯父拿硼酸水给他洗干净。他们又给他敷上药，扎好绷带。"细心地做完这一切，鲁迅又嘱咐了车夫几句，还将剩下的药都给了他。

《一件小事》写的便是一个他与车夫的故事。鲁迅雇了一辆人力车赶路，途中，一个妇女突然出现，破棉背心挂到了车把手，人也顺势倒在了地上。因为车夫停得及时，鲁迅自我判断那妇女并没受太重的伤，又觉得无人看见，便催车夫快走。然而，车夫不理会，执意弯腰搀扶妇女，问她受伤没有，听她说"摔坏了"，便"丢"下鲁迅，自顾自搀着她往附近的"巡警分驻所"走去。望着车夫的背影，鲁迅陡然有了一种异样的感觉，"觉得他满身灰尘的后影，刹时高大了，而且愈走愈大，须仰视才见。而且他对于我，渐渐地又几乎变成一种威压，甚而至于要榨出皮袍下面藏着的'小'来"。

　　对于处于社会底层的人力车夫的卑微的生活状况，鲁迅的确是同情的、关爱的、慈悲的，所以才有"与一元"的行为；对于他们于生活细微之处表现出来的优秀品质和高尚人格，他也的确是赞美的。这是他一贯的同情弱者、对所谓下等人有着强烈怜悯之心的思想体现，他先知先觉地意识到，弱肉强食、优胜劣汰是原始野蛮社会的产物，而不应该存在于进步文明的社会之中。

　　如果把《一件小事》仅仅理解为"同情"和"赞美"，那有些浮浅。其实，它具有更深层次的含义，那就是，提倡知识分子要向劳动人民学习，而这恰恰与五四运动之后提出的"劳工神圣"相契合。

鲁迅随后的两次演讲《革命时代的文学》和《文艺与政治的歧途》，可以作为对梁实秋观点的反批评，尽管他和梁一样没有指名道姓。

如果把鲁、梁对"人力车夫"的不同理解视作论战开始的话，那么，他俩关于"人性"问题的争论可以被认作是论战的升级。

梁实秋连续两天在《晨报副刊》上撰文《文学批评辩》，指出人性是文学批评的标准，而文学只有表现永远不变的人性，才能经得住时间的检验，否则便不会长久。就"文学要表现人性"的说法，鲁迅不反对，他反对的是"人性是永远不变"的观点。为此，他写了著名的《文学和出汗》加以批驳，认为如果生物真会进化，人性就不能永久不变。

不仅如此，他还敏锐地抓住梁实秋人性论的又一个矛盾之处，即一方面宣称人性是永久不变的，一方面又强调人与人之间存在着差异。于是，他以"出汗"为例反驳道："譬如出汗罢，我想，似乎于古有之，于今也有，将来一定暂时也还有，该可以算得较为'永久不变的人性'了。然而'弱不禁风'的小姐出的是香汗，'蠢笨如牛'的工人出的是臭汗。不知道倘要做长留世上的文字，要充长留世上的文学家，是描写香汗好呢，还是描写臭汗好？"

从人性论引申开去，梁实秋否认文学具有阶级的区别。鲁迅儿子出生的那年，一九二九年，梁实秋发表了两篇文章。如果说第一篇《文学是有阶级性的吗？》只是针对文学的单纯文学评论的话，那么，第二篇的《论鲁迅先生的"硬译"》则指向性明确，单对鲁迅的翻译进行了批评。次年一月，鲁迅反击，作文《"硬译"与"文学的阶级性"》。至此，他俩持续数年的论争完全白热化而至顶峰。

梁实秋在《文学是有阶级性的吗？》一文中宣称："'资产阶级文学''无产阶级文学'都是实际革命家造出来的口号标语，文学并没有这种的区别。近年来所谓的无产阶级文学的运动，据我考查，在理论上尚不能成立，在实际上也并未成功。"鲁迅则相反，他认为："在阶级社会中，文学家虽自以为'自由'，自以为超了阶级，而无意识地，也终受本阶级的阶级意识所支配，那些创作，并非别阶级的文化罢了。"就文艺和宣传的关系，梁实秋反对将文艺作为宣传的工具，而鲁迅则强调"凡文艺必有所宣传"。

硬译，是梁实秋对鲁迅翻译方法的评价。什么叫硬译？死译。什么是死译？直译。什么是直译？梁实秋很赞同陈西滢的解释："他们非但字比句次，而且一字不可增，一字不可先，一字不可后，名曰翻译，而'译犹不译'"。最早说"死译"这个词的是主张"直译"的周作人。鲁迅也是"直译"的拥护者。梁实秋则以"看得懂"作为翻译的最高准则。他说鲁迅"硬译"，实则是指责鲁迅翻译得"看不懂"。

鲁迅的反驳文章是《"硬译"与"文学的阶级性"》。在这篇文章中，鲁迅从理论上阐述了他对翻译的理解："我的译作，本不在博读者的'爽快'，却往往给以不舒服，甚而至于使人气闷，憎恶，愤恨。读了会'落个爽快'的东西，自有新月社的人们的译著在：徐志摩先生的诗，沈从文、凌叔华先生的小说，陈西滢（即陈源）先生的闲话，梁实秋先生的批评，潘光旦先生的优生学，还有白璧德先生的人文主义。"

在这里，他显然表达了一种态度，那就是：就是要让不喜欢他的人不舒服、气闷、憎恶、愤恨，以及不爽快。换句话说，我没有义务让你们高兴。他的这句话便是此意："我是本不想将'爽快'或'愉快'来献给那些诸公的，只要还有若干的读者能够有所得，梁实秋先生'们'的苦乐以及无所得，实在'于我如浮云'。"

因为中学课本的缘故，几乎没人不知道鲁迅是这样"定义"梁实秋的："丧家的""资本家的乏走狗"。不过，最先攻击梁实秋是走狗的不是鲁迅，而是创造社成员冯乃超。在鲁、梁论战期间，冯乃超就梁实秋的《文学是有阶级性的吗？》写了一篇反驳文章《阶级社会的艺术》。文中，他这样写道："对于这样的说教人，我们要送'资本家的走狗'这样的称号的。"

梁实秋的反驳文章是《"资本家的走狗"》。鲁迅在看了这篇文章之后，似乎洞察到了梁实秋表面不生气内里很生气的真相，颇有些愉快地说："有趣！还没有怎样打中了他的命脉就这么叫了起来，可见是一只没有什么用的走狗！"一个"走狗"，鲁迅似乎觉得不过瘾，加一个"丧家的"和一个"乏"，打击力自然更强。

鲁迅的《"丧家的""资本家的乏走狗"》中的一段话早已成为经典："这正是'资本家的走狗'的活写真。凡走狗，虽或为一个资本家所豢养，其实是属于所有的资本家的，所以它遇见所有的阔人都驯良，遇见所有的穷人都狂吠。不知道谁是它的主子，正是它遇见所有阔人都驯良的原因，也就是属于所有的资本家的证据。即使无人豢养，饿得精瘦，变成野狗了，但还是遇见所有的阔人都驯良，遇见所有的穷人都狂吠的，不过这时它就愈不明白谁是主子了。"正因为如此，他认为应该在"资本家的走狗"之前加上"丧家的"，而且还要在"走狗"之前加上"乏"。

论战中，梁实秋曾经讥嘲鲁迅"在文学界里可以做左翼作家"。事实的确如此。中国左翼作家联盟于一九三〇年三月二日在上海的中华艺术大学举行了成立大会。鲁迅作为盟主在会上发了言。

左联筹备于前一年的年底。据说，左翼作家联盟这个名称是中共领导人确定的。不过，在确定前他们认为应该征求鲁迅的意见，甚至表示，如果鲁迅不同意还可以改——可见当时鲁迅的地位。鲁迅没有不同意，他反而认为特别强调"左翼"，旗帜很鲜明。

鲁迅与梁实秋的论战是自然停歇的，而他与创造社和太阳社的论战是在中共的调和下平息的。两个社里的不少成员都是共产党员，他们自然服从共产党的领导。

一九二九年秋天，中共江苏省委负责文化工作的李富春与阳翰笙谈了一次话，明确指出他们之所以如此大规模地"剿杀"鲁迅，是因为他们缺乏对鲁迅活动的积极意义的认识。他认为有必要把鲁迅团结过来。

在这种情况下，双方冰释前嫌握手言和，共同筹备成立了左联，鲁迅甚至还被推举为名义上的盟主，只是他不喜欢"委员长"或"主席"之类的头衔，只表示愿意做力所能及的工作。

虽然鲁迅与他们之间有所分歧，但在面对新月派文人时，他们的"枪口"还是一致对外的。比如，鲁迅在与梁实秋论战时，冯乃超就助了他一臂之力；在胡适、罗隆基、梁实秋高举人权大旗揭开人权大战时，鲁迅对他们的讽刺和讥嘲与左翼作家瞿秋白的批判异曲同工。

一九二九年四月二十日，国民政府下了一道所谓保障人权的命令，其中有这样一句话："无论个人或团体均不得以非法行为侵害他人身体自由及财产。"为此，胡适颇感疑惑。疑惑一："身体自由"是什么意思？是"身体"和"自由"，还是"身体之自由"呢？疑惑二："个人或团体"是不是也包括政府和党部？疑惑三："不得以非法行为侵害"，那么，难道可以以合法行为侵害？

其实早在之前的一九二八年十月十日，胡适就对国民党宣布进入"训政时期"颇为不满。

为此，胡适写了一篇针砭时弊的《人权与约法》，批评当时中国社会严重缺乏人权，从此拉开了"人权论战"的大幕。

紧随其后，罗隆基、梁实秋等先后撰文，《专家政治》《论思想统一》《论人权》《我对党务上的"尽情批评"》《〈人权与约法〉的讨论》等相继问世，矛头直指毫无人权的中国社会，实则也将利剑直刺剥夺了人权的政府当局。他们对"起头人"胡适的言行异常震怒，动作敏捷地采取了一系列打压手段：胡适被撤销了中国公学校长一职，同时组织人马编撰批判文章，还将这些文字结集出版，书名是《评胡适反党义近著》。

为了声援胡适，罗隆基撰文《告压迫言论自由者——研究党义的心得》，言辞激烈地表示："孙中山先生是拥护言论自由的。压迫言论自由的人，是不明了党义，是违背总理的教训。倘使违背总理教训的人是反动或反革命，那么，压迫言论自由的人，或者是反动或反革命。"文章的最后，他写道："前清的杀革命党，封报馆，烧书籍，在一班忠实同志们眼光里，是笨伯所做的事。忠实同志们，亦应该承认这点。后之视之，亦犹今之视昔！"

因为这些"反动"文章都刊登在《新月》杂志上，因此杂志被查封。

胡适并不因此而消停，他将自己和罗隆基、梁实秋撰写的政论文章辑为《人权论集》，交由新月书店出版发行。结果，新月书店被查封。

自胡适退隐后，人权运动进入由以罗隆基为主、王造时从旁声援配合的第二阶段。罗隆基连续发表《对训政时期约法的批评》《什么是法治？》等文，对国民党进行了狠批痛批，他自己因此招来牢狱之灾：以"言论反动""国家主义的领袖""共产的嫌疑"于一九三〇年十一月四日被逮捕。

虽然只坐了几个小时的牢，但终究是坐了牢。坐过牢的罗隆基没有因此畏惧而有所收敛。他在《我的被捕的经过与反感》一文中，言辞依旧激烈，呼唤："我们要法治！我们要法律上的平等。"最终，他被解除了光华大学的教职，而且还被通缉。

一九三二年，罗隆基将他几年来在《新月》和《益世报》上发表过的政论文章合成一本集子，取名《政治论文》，算是对人权大战的一个总结。

严格算起来，人权大战持续了数年（一九二九年至一九三一年）之久，虽说谈不上轰轰烈烈振聋发聩，却也热热闹闹繁盛活跃，其间还轮番上演着警告、撤职、被捕、暗杀等，一幕一幕，戏剧般精彩。

人权派的悲剧命运在于他们既被右翼"围剿"，也被左翼嗤之以鼻。

瞿秋白针对罗隆基的《论中国的共产》，写了一篇《中国人权派的真面目》。"真面目"二字透出他的不屑和讥嘲。

概括瞿秋白的观点，那就是，所谓人权派其实真正的目的不是为民众呼唤人权，而是在为地主资本家找寻出路；不是真的反对国民党扼杀人权，而是在为国民党提供屠杀共产党的良方，而他们之所以被国民党警告和抓捕，不过是讨主子欢心不得而已。

认识了瞿秋白对人权派的嘲骂，也就不难理解鲁迅对人权派的讥讽了。

在《"硬译"与"文学的阶级性"》一文中，鲁迅由"硬"说开去，讥讽新月社的一种特色，便是"以硬自居了，而实则其软如绵"。为什么呢？他作了解释："这一回，新月社的'自由言论'遭了压迫，照老办法，是必须对于压迫者，也加以压迫的，但《新月》上所显现的反应，却是一篇《告压迫言论自由者》，先引对方的党义，次引外国的法律，终引东西史例，以见凡压迫自由者，往往臻于灭亡：是一番替对方设想的警告。"

"替对方设想"，实则与瞿秋白"替地主资本家想着'出路'"的思想相似。

在鲁迅看来，人权派表面上的"硬"表现在他们呼唤了、呐喊了；实际上的"软"表现在他们只不过"警告"了"压迫言论自由者"一下下而已，目的甚至是担心他们灭亡而给予善意的提醒。所以，鲁迅进一步阐释："新月社的'严正态度'，'以眼还眼'法，归根结蒂，是专施之力量相类，或力量较小的人的，倘给有力者打肿了眼，就要破例，只举手掩住自己的脸，叫一声：'小心你自己的眼睛！'"

就《中华民国训政时期临时约法》，罗隆基斥其"只有'主权在民'的虚文，没有人民行使主权的实质"。

就国民党的五权分立（在总统之下设立五院，分别是行政院、立法院、司法院、监察院及考试院），罗隆基直言当政者是"独裁"是"专制"。

但是，鲁迅认定那不过是"主子"和"奴才"之间玩的小把戏而已。

在《新月社批评家的任务》一文中，鲁迅没有掩饰他的这种思想："新月社中的批评家，是很憎恶嘲骂的，但只嘲骂一种人，是做嘲骂文章者。新月社中的批评家，是很不以不满于现状的人为然的，但只不满足于一种现状，是现在竟有不满于现状者。这大约就是'即以其人之道，还治其人之身'，挥泪以维持治安的意思。"

原来，他只把人权派对执政党的批判当作"挥泪以维持治安"。"挥泪"二字，暴露了他对于他们"奴才"的定位。然后，他继续写道："但老例，刽子手和皂隶既然做了这样维持治安的任务，在社会上自然要得到几分的敬畏，甚至于还不妨随意说几句话，在小百姓面前显显威风，只要不大妨害治安，长官向来也就装作不知道了。"

就这样，他给人权派贴上了"反动"的标签，因为他们是"刽子手"是"皂隶"。他还把他们惹祸上身的战斗性文字视为"随意说几句话"。

最后，他这样说："现在新月社的批评家这样尽力地维持了治安，所要的却不过是'思想自由'，想想而已，决不实现的思想。"

左翼对人权派的进攻旷日持久，直到人权风波过去了两年，一九三三年，瞿秋白和鲁迅还揪住不放。三月，《申报·自由谈》上有一篇文章，题目叫《王道诗话》，署着鲁迅的笔名"干"，实则是瞿秋白执的笔。这样的创作方式只有一个意思：表达着他俩的共同思想。文章从"人权论"开始说起，说当初它是"从鹦鹉开头的"。"人权"和"鹦鹉"，原本风马牛不相及，让它们混搭也只有一个意思：讥嘲。

"鹦鹉"倒也不是瞿、鲁的发明，而是由胡适的《人权论集·序》而来。《序》中有这样的话："周栎园《书影》里有一则很有意味的故事：昔有鹦鹉飞集陀山。山中大火，鹦鹉遥见，入水濡羽，飞而洒之。天神言：'尔虽有志意，何足云也？'对曰：'尝侨居是山，不忍见耳。'今天正是大火的时候，我们骨头烧成灰终究是中国人，实在不忍袖手旁观。我们明知小小的翅膀上滴下的水点未必能救火，我们不过尽我们的一点微弱的力量，减少良心上的一点谴责而已。"

对此，瞿、鲁只有一句评论："鹦鹉会救火，人权可以粉饰一下反动的统治。"他们把人权派归为"三帮"之列，即，帮忙，帮闲，帮凶。"中国的帮忙文人，总有这一套秘诀，说什么王道，仁政……不但骗人，还骗了自己，真所谓心安理得，实惠无穷。"什么"鹦鹉救火"，什么"尽微弱力"，什么"良心谴责"，就一个字："骗"。最后，他们这样总结："能言鹦鹉毒于蛇，滴水微功漫自夸。"

这似乎可以算作鲁迅对人权派所下的定论了。

四月，鲁迅又写《言论自由的界限》。他从《红楼梦》说起，把国民党当局比作贾府，把人权派比作焦大，前者是主子，后者是奴才。在他的眼里，人权派对人权的呐喊不过是奴才出于对主子的一番赤胆忠心而进行的声泪俱下的规劝和建言。什么人权，什么自由，其实都是从利于主子的角度出发而毫无恶意。

当然，鲁迅对人权派不屑，不屑的不是思想自由本身。其实，他对自由也是呼唤和向往的。在加入左联前一个月，即一九三〇年二月，他加入了"中国自由运动大同盟"。与左联相同，自由大同盟也是由设在上海的中共发起和领导。鲁迅同样被推举为发起人。他作为发起人之一与其他五十个人共同在《中国自由运动大同盟宣言》上签了名，而且积极参加了秘密成立大会。《宣言》的第一句话便是"自由是人类的第二生命，不自由，毋宁死！"

不久，自由大同盟遭到严重压迫，只存在了短短三个月便解散了。与后来人权派的胡适、罗隆基的遭遇相似，在同盟解散前一个月，鲁迅遭到国民党当局的呈请通缉。他因此烧掉了一些信件，然后离家出走，暂避在日本友人内山完造的家里。

都有对自由的追求，又有相似的遭遇，鲁迅为什么还是把胡适等人权派视为"奴才"呢？胡适在"出事"后，采取了变通的办法：他将《新月》月刊转托陈布雷交给蒋介石以表明心迹，最终取得谅解。鲁迅在"出事"后，被人劝说发布一个退出自由大同盟的声明，他不从。他的"坚持"使他必然反感胡适的"融通"。

自由大同盟被停止活动了，接下来轮到左联了。一九三一年一月，左联的革命作家柔石、殷夫、胡也频、冯铿、李求实（即"左联五烈士"）被逮捕，随即被杀害。满腔悲愤之下，鲁迅写下了这样的诗句：

惯于长夜过春时，挈妇将雏鬓有丝。

梦里依稀慈母泪，城头变幻大王旗。

忍看朋辈成新鬼，怒向刀丛觅小诗。

吟罢低眉无写处，月光如水照缁衣。

　　风声过后，鲁迅结束避难回了家。随后，他与冯雪峰秘密出版了《前哨》创刊号"纪念战死者专号"。"专号"上有他的两篇文章：《中国无产阶级革命文学和前驱的血》与《柔石小传》。他说："中国的无产阶级革命文学在今天和明天之交发生，在诬蔑和压迫之中滋长，终于在最黑暗里，用我们的同志的鲜血写了第一篇文章。"（鲁迅《中国无产阶级革命文学和前驱的血》）这段话实际上定义并确认了他自己的身份：无产阶级革命文学家。

　　一九三二年上海爆发"一·二八"事变，鲁迅再次外出避难，先躲于内山完造开的内山书店本店，后藏于英租界内的内山书店分店，又转移到大江南饭店。直到三月，他才返回寓所。其间，二月三日，他与茅盾、郁达夫等四十三位文化界名流联合发表了《上海文化界发告世界书》，谴责日本帝国主义的侵略。

一年以后，鲁迅又加入了一个团体"中国民权保障同盟"，邀请他参加的是蔡元培。"民权保障"四个字便显示该组织是以保障公民基本权利为宗旨的。一月十七日，同盟上海分会在上海中央研究院召开了成立大会，鲁迅、宋庆龄、蔡元培、杨杏佛、林语堂等当选为分会执行委员。

同盟成立仅一个月便做了一件大事：负责接待来访的著名作家萧伯纳。二月十七日，鲁迅的日记这样记道："午后汽车赍蔡先生信来，即乘车赴宋庆龄夫人宅午餐，同席为萧伯纳、伊（即美国记者哈罗德·伊萨克斯）、斯沫特列女士、杨杏佛、林语堂、蔡先生、孙夫人，共七人。饭毕照相二枚。"

之后，鲁迅又写过一篇文章《看萧和"看萧的人们"记》，记得更详细："到了午后，得到蔡先生的信，说萧现就在孙夫人的家里吃午饭，教我赶紧去。我就跑到孙夫人的家里去。一走进客厅隔壁的一间小小的屋子里，萧就坐在圆桌的上首，和别的五个人在吃饭……午餐像是吃了一半了。是素菜，又简单……但只有一个厨子在搬菜……午餐一完，照了三张相。"

席间，萧伯纳笑着对鲁迅说："他们称你为中国的高尔基，但是你比高尔基漂亮。"鲁迅也笑着回应道："我到老时，将会更漂亮。"两位讽刺幽默大师会心地相视大笑。

还是在这篇文章中，鲁迅提到了三个人：梅兰芳、张若谷和邵洵美。

就梅兰芳，他写道："也还有一点梅兰芳博士和别的名人的问答，但在这里，略之。"他对"唱戏的"梅兰芳一向没有好感，因为他向来不太喜欢京剧。

就张若谷，他写道："据张若谷君后来发表出来的文章，则萧还问了几句话，张君也刺了他一下，可惜萧不听见云。但是，我实在也没有听见。"在这里，他对张若谷似乎也不太友好。

就邵洵美，他写道："此后是将赠品送给萧的仪式。这是由有着美男子之誉的邵洵美君拿上去的。"

赠品是装在一只大玻璃框里的一套泥制十二只京剧人物脸谱，有红脸关云长、白脸曹操、长胡子老生、包扎头的花旦等，色彩艳丽。萧伯纳显然对这份颇具中国特色的赠品很有兴趣，他指着那个长胡子老生问："这是不是中国的老爷？"张若谷回答："不是老爷，是舞台上的老头儿。"萧伯纳好像没有听见张的回答，又自顾自地指着那个花旦问："她不是老爷的女儿吧？"

这是之前邵洵美和夫人盛佩玉在东安市场买的。送这份赠品，邵洵美不是以他个人的名义，而是以笔会代表的身份。笔会指的是国际笔会，它是一个国际性的民间文化组织，简称"P. E. N. CLUB"。P 是 POETS（诗人），E 是 ESSAYISTS（散文家）或 EDITORS（编辑），N 是 NOVELISTS（小说家）。不用说，该会宗旨自然是为了促进各国文化交流和繁荣世界文化。国际笔会中国分会成立于一九三〇年十一月，发起人是徐志摩。

鲁迅有一篇著名的文章《拿来主义》，便与邵洵美有关。

一九三四年二月，邵洵美创办了一本周刊，取名《人言》。在三月三日出刊的《人言》第一卷第三期上，有一篇署名"井上"的译文《谈监狱》，译自鲁迅的三篇短论《火》《王道》《监狱》中的一篇。

鲁迅被惹怒的不是这篇译作本身，而是编者注："鲁迅先生的文章，最近是在查禁之列。此文译自日文，当可逃避军事裁判。但我们刊登此稿目的，与其说为了文章本身精美或其议论透彻，不如说举一个被本国迫逐而托庇于外人威权之下的论调的例子。鲁迅先生本来文章极好，强词夺理亦能说得头头是道，但统观此文，则意气多于议论，捏造多于实证，若非译笔错误，则此种态度实为我所不取也。登此一篇，以见文化统制治下之呼声一般。《王道》与《火》两篇，不拟再登，转言译者，可勿寄来。"

短短一小文，至少有三处让鲁迅不满。

一、好像担心旁人不知道似的特别点明他的作品正处于"查禁"之列。明明知道"查禁"却还翻译他的文章，而且堂而皇之地刊登出来大鸣大放地署上"鲁迅"的大名，岂不是有意把他和他的作品暴露在光天化日之下？

二、翻译的目的，不在于对他作品的欣赏，而是把他当作"被本国迫逐而托庇于外人威权之下"的反面典型。

三、说他之前的文章"强词夺理"，而此文又是"意气""捏造"之作。

鲁迅很清楚这篇编者注并非出自邵洵美，而是邵洵美的合作伙伴章克标。但他还是把枪口对准邵洵美，因为他认为章克标是邵府里"恶辣的谋士"，章的思想代表了邵，邵的观点由章传送了出来。

著名的《拿来主义》便诞生在这个时候。其中一段这样写道："譬如罢，我们之中的一个穷青年，因为祖上的阴功（姑且让我这么说说罢），得了一所大宅子，且不问他是骗来的，抢来的，或合法继承的，或是做了女婿换来的。那么，怎么办呢？我想，首先是不管三七二十一，'拿来'！"

这篇文章入选高中课本时，之前的注释把邵洵美说成是"反动御用文人"，后来的注释是"这里是讽刺做了富家翁的女婿而炫耀于人的邵洵美之流"。鲁迅文中的"女婿"，讥嘲的是邵洵美因为娶了清末名流盛宣怀的孙女盛佩玉，因此做了富女婿才发迹的。事实是，邵洵美并非如鲁迅所说"穷青年"出身，而是盛宣怀的外孙、盛佩玉的表兄，本身也是有钱人。鲁迅还一再暗示邵洵美"文学家"的头衔是"捐班"而来，即花钱买来的。这样的说法，邵洵美自觉很受伤害。其实，邵洵美是真正的诗人兼出版家。

在创作方面，相对而言，在上海的十年间，鲁迅的笔墨着力于散文和杂文，小说集只有《故事新编》（包括《补天》《奔月》《铸剑》《理水》《采薇》《出关》《非攻》《起死》，都属于历史小说），而杂文集则有

《三闲集》和《二心集》（一九三二年）、《伪自由书》（一九三三年）、《南腔北调集》和《准风月谈》（一九三四年）、《且介亭杂文》和《且介亭杂文二集》（一九三五年）等。

对于鲁迅的杂文，鲁迅的论敌梁实秋研究得很透。甚至，"杂感家"的称号也是梁实秋封给鲁迅的。梁实秋在《北京文艺界之分门别户》一文中评价鲁迅杂文的长处在于"尖锐的笔调"。而鲁迅不太喜欢"杂感家"的帽子，更不喜欢"尖锐的笔调"这样的评论。其实，梁实秋对鲁迅的杂文真的很有研究的兴趣。他说出"杂感家"来并非平白无故。就在《北京文艺界之分门别户》发表后的第二天，他的又一篇专门研究分析鲁迅杂文的《〈华盖集续编〉》发表在《时事新报》上。

他说"讽刺的文字，在中国新文学里是很不多见的"，而鲁迅的"文字，极讽刺之能事"。这应该不是嘲骂，反而是一种赞颂，因为他接着说："这种文字自有他的美妙，尤其是在现代的中国。一般的人，神经太麻木了，差不多是在睡眠的状态，什么是非曲直美丑善恶，一概的冷淡置之不生影响。在这种情形之下，非要有顶锋利的笔来刺激一下不可。就如同我们深夜读书，昏昏欲睡，用钢锥刺一下，痛自然是痛的，然而睡魔可以去了。"

在他看来，鲁迅手中的笔便是如钢锥般锋利，甚至比钢锥更锋利。"从前作文善辩善讽，称作'针针见血'。鲁迅先生的文章，是不见血的，因为笔锋太尖了，一直刺到肉里面去，皮肤上反倒没有痕迹。我们中国的麻木的社会，真需要这样的讽刺的文学。"

他把鲁迅的杂文归类为"讽刺文学"。这种归类是开创性的（比较早研究评述鲁迅杂文的茅盾的《鲁迅论》还早五个月）——因为在这之前，对于鲁迅杂文应当如何归类一直存在着争议——而且赋予了它比较高的文学和社会地位。

遗嘱式的《死》

一九三六年十月十九日上午，鲁迅的二弟周作人按部就班地去学校上班。来到学校，走进课堂，他宣布：今早家兄不幸在上海病逝，不好意思，对不起了，今天的课就不上了。离开学校，他叫上在北京图书馆工作的友人宋子佩一块儿去了西三条鲁迅住处，见母亲鲁瑞和大嫂朱安。

鲁迅对母亲鲁瑞一向很敬佩，他曾很骄傲地说：我的母亲如果年轻二三十岁，或许能成为女英雄。一看见周作人和宋子佩同时出现在自己面前，鲁瑞就猜到，久居上海的长子鲁迅出事了。

周、宋实话实说，告诉鲁瑞（还有朱安）：鲁迅今天凌晨去世了。

鲁瑞没有哭，照她自己的说法："我倒不哭。不过两腿发抖得厉害，简直不能独自举步了。"表面上越表现得坚强，越显现她内心的巨大悲伤。

鲁迅的朋友孙伏园去看她，她对他说："论寿，五十五岁也不算短了，只是我的寿太长了些，譬如我去年死了，今年不是什么也不知道了么？"

面对一拨拨前来悼念的友朋，鲁瑞不流一滴眼泪，很平和很镇静地追思他的爱儿："大先生所以死得这样早，都是因为太劳苦，又好生气，他骂人虽然骂得很厉害，但是都是人家去惹他的。他在未写骂人的文章以前，自己已气得死去活来，所以他实在是气极了才骂人的。"

鲁瑞总结得不错。因为工作辛苦而积劳，因为被压迫被"围剿"而生气，鲁迅在一九三五年的时候身体状况每况愈下，主要是肺部有毛病。他没有稍作停歇，反而好像担心不久于人世似的更加努力工作。年底，他争分夺秒地编辑自己的小说、杂文集。然后，他用四十八篇杂文组成的《且介亭杂文二集》迎来了新的一年——一九三六年。

自一九三五年六月好友兼战友瞿秋白被杀害后，鲁迅一直惦记着要为他出版一部遗集以告慰他在天之灵。

最后确定的瞿秋白文集定名为《海上述林》，分上下两卷，上卷《辨林》，下卷《藻林》，鲁迅亲自作序。一九三五年年底，鲁迅开始进行一字一句的校改，一直忙到第二年五月他大病才不得不暂交许广平接手。遗憾的是，他只看到上卷出版，却无法看到下卷问世。

同时，他还在为《译文》杂志的复刊而努力。这本杂志是他与茅盾、黎烈文于一九三四年九月创办的，专门刊登翻译作品。由于种种原因，杂志只维持了一年便不得不停刊了。花了不少工夫，费了不少精力，病中的鲁迅终于让它于一九三六年三月成功复刊。

一九三六年五月，鲁迅的病情逐渐恶化，高烧、气喘，友人劝他赶紧出国治疗休养，但他拒绝了。月底，茅盾等人为他请来上海唯一的欧美肺病专家 D 医师。D 医师诊断后说的一段话让大家很失望，他说，像鲁迅这样得了这么严重肺病的人，若在欧洲恐怕早在五年前就不在了。这实际上是判了鲁迅"死刑"。随后的 X 光片检查证实了 D 医师的诊断：鲁迅的肺部有几个地方已经发黑。

病中的鲁迅仍然浑身竖着利刺，关于这段日子，许广平后来回忆道："今年的一整个夏天，正是鲁迅先生被病缠绕得透不过气来的时光，许多爱护他的人都为了这个消息着急。然而病状有些好起来了。在那个时候，他说出一个梦：他走出去，看见两旁埋伏着两个人，打算给他攻击。他想：你们要当着我生病的时候攻击我吗？不要紧！我身边还有匕首呢，投出去掷在敌人身上。梦后不久，病更减轻了。一切恶的征候都逐渐消灭了。他可以稍稍散步些时，可以有力气拔出身边的匕首投向敌人——用笔端冲倒一切——还可以看看电影，生活生活。"（许广平《最后的一天》）

尽管病得愈来愈重，鲁迅仍然没有放弃工作，病情稍一好转，随即又全身心地投入了进去，但他心里很清楚他的病，就像他对友人所说的那样："我的病其实是不会痊愈的。"因此，他在九月份的时候写了一篇遗嘱式的文章，直接取名《死》。在文中，他嘱咐家人：

一、不得因为丧事，收受任何人的一文钱。——但老朋友的，不在此例。

二、赶快收敛，埋掉，拉倒。

三、不要做任何关于纪念的事情。

四、忘记我，管自己生活。——倘不，那就真是糊涂虫。

五、孩子长大，倘无才能，可寻点小事情过活，万不可去做空头文学家或美术家。

六、别人应许给你的事物，不可当真。

七、损着别人的牙眼，却反对报复、主张宽容的人，万勿和他接近。

最后，他又说："此外自然还有，现在忘记了。只还记得在发热时，又曾想到欧洲人临死时，往往有一种仪式，是请别人宽恕，自己也宽恕了别人。我的怨敌可谓多矣，倘有新式的人问起我来，怎么回答呢？我想了一想，决定的是：让他们怨恨去，我也一个都不宽恕。"

他是这么说的也是这么做的。他至死没有宽恕曾经与他打过笔仗的陈西滢、梁实秋、邵洵美等人。他就是这样一个人，不容忍、不苟且，有时还有些冷漠有些尖刻，但的确很少有人一以贯之地做到像他那样地强硬、坚持、不妥协、不趋炎附势。所以，他是独一无二的"鲁迅"。

参考书目

鲁迅:《鲁迅全集》，北京：人民文学出版社，2005 年。

鲁迅博物馆选编:《鲁迅回忆录》，北京：北京出版社，1999 年。

张能耿、张款:《鲁迅家世》，北京：党建读物出版社，2000 年。

黄乔生:《周氏三兄弟》，杭州：浙江人民出版社，2008 年。

朱正:《周氏三兄弟》，北京：东方出版社，2003 年。

周建人口述，周晔整理:《鲁迅故家的败落》，福州：福建教育出版社，2001 年。

吴中杰:《鲁迅传》，上海：复旦大学出版社，2008 年。